ANTHONY DE MELLO

Geschichten, die gut tun

ANTHONY DE MELLO

Geschichten, die gut tun

Weisheit für jeden Tag

Herausgegeben von Jorg Lix

HERDER

FREIBURG · BASEL · WIEN

Die Bücher von Anthony de Mello wurden in einem multireligiösen Kontext verfasst und sollten Anhängern anderer Religionen, Agnostikern und Atheisten eine Hilfe bei ihrer geistlichen Suche sein. Sie sind, entsprechend dieser Intention des Autors, nicht als Darstellungen des christlichen Glaubens oder als Interpretationen katholischer Dogmen zu verstehen.

Umschlaggestaltung: Finken & Bumiller, Stuttgart
Umschlagmotiv: Zefa

Alle Rechte vorbehalten – Printed in Germany
© Verlag Herder Freiburg im Breisgau 2001
Herstellung: Clausen & Bosse, Leck
Gedruckt auf umweltfreundlichem,
chlor- und säurefrei gebleichtem Papier
ISBN 3-451-27348-9

INHALT

VORWORT DES HERAUSGEBERS

Wenn Sie mit diesem de Mello-Band wie mit Kalenderblättern pünktlich am 1. Januar anfangen und jeden Tag – wann auch immer – eine seiner Geschichten zu sich nehmen, so sind Sie zu Silvester mit dem Buch fertig. Vielleicht ist es Ihnen dann auch auf diese Weise gelungen, der Flüchtigkeit des Alltags ein wenig Einhalt zu gebieten. Sie können im nächsten Jahr von neuem beginnen – und später immer wieder. Denn Anthony de Mellos Geschichten haben es in sich. Mit manchen, mit vielen wird man ein Leben lang nicht fertig.

»Geschichten, die gut tun«, so heißt dieses Buch. Für jeden Tag eine de Mello-Praline, wenn man Süßes mag. Was einem so alles gut tut: ein kühles Bad an einem heißen Sommernachmittag, eine warme Dusche im November. Ein Tor hoch in den Winkel, wenn's die eigene Mannschaft schießt. Ein Streicheln von anderer Hand übers Haupt. Überhaupt jede Menge Streicheleinheiten. Ein Lob. Ein lieber Blick. Ein schöner Traum. Ein knuspriges Brötchen zum Frühstück. Ein freundliches Wort. Ein schönes Lied. Und immer wieder die rosenfingrige Morgensonne, wenn's beliebt.

Aber so schmackhaft sind de Mellos Geschichten ganz und gar nicht. Im Gegenteil. Und tun trotzdem gut? Natürlich, aber ganz anders: Sie sind wie eine scharfe Medizin. Wie Jod auf eine offene Wunde. Wie stark gekochter Wermuttee. Wie Klistiere für die Seele. Nicht selten zieht uns de Mello den Zahn ohne Betäubung. Und auf den Packungsbeilagen seiner bitteren Pillen steht immer zu lesen: »Man hüte sich, die Geschichten auf irgendjemand anderen als auf sich selbst zu beziehen. In diesem Falle könnten sie im geistigen Sinne Schaden zufügen. Alle Geschichten handeln von Dir, von niemandem sonst. Niemand kann es Dir abnehmen, nach der Bedeutung zu suchen, die eine Geschichte für Dich persönlich hat.«

Das Schlüsselstück de Mellos verdeutlicht dies: »›Sehr gute Predigt‹, sagte eine Frau aus der Gemeinde, als sie dem Pfarrer nach dem Gottesdienst die Hand schüttelte. ›Alles, was sie sagten, passt genau auf die eine oder andere meiner Bekannten.‹« – Oder schlagen Sie schnell einmal unter dem 14. September »Mutters Stolz« auf: Da ist von einem dreijährigen Arzt und einem zweijährigen Rechtsanwalt die Rede. Und wie finde ich als erfahrener Tourist, was unter dem 2. Juli steht: »Beschränktheit mit erweitertem Horizont oder Reisen bildet.« – Treffen mich diese Geschichten, tun sie mir auch gut. Und dann kann ich auch wieder lachen – am besten, so empfiehlt de Mello, über mich selbst.

Gegen Ende seines Lebens widmete sich der Jesuit indischer Abstammung Anthony de Mello, 1931 in Bombay geboren, später in Poona zum Priester geweiht, 1987 von Indien kommend in New York gestorben, vor allem dem geistigen Weg des »Sâdhana«. Dieser Begriff stammt aus verschiedenen hinduistischen Traditionen und heißt wörtlich übersetzt: »Das, was direkt zum Ziel führt.« Das weitgesteckte Ziel des Mystikers de Mello war und bleibt es, den Menschen zu seiner Grundidentität zu führen und zwar jenseits mentaler, philosophischer und religiöser Kategorien. So hat er auch den von ihm erdachten Meister verstanden, der als universeller Weiser jenseits aller Ideologien zu uns spricht und uns wenigstens nachdenklich machen will. In dieser Sammlung »Kalenderblätter« sind die anpackendsten Weisheitsgeschichten Anthony de Mellos, gewissermaßen seine »Meisterstücke« zusammengefasst. Sie handeln vom Ego als Allesfresser, von Stille und

Vorwort des Herausgebers

göttlicher Leere, von der Suche nach Bewusstheit und Wahrheit, vom Loslassenkönnen, schließlich auch vom Lachen und vom Glück. Aber wie gesagt: Keine Bonbon-Geschichten, die man sich auf der Zunge zergehen lassen kann. Sie müssen einem schon durch und durch gehen, damit sie wohl tun: Zum Beispiel gegen die grabschwarzen Vögel der Vergeblichkeiten, die mir ans Bett fliegen in der »Stunde des Wolfs«, morgens um vier, wenn es mir dämmert.

Köln, im Februar 2001

Jorg Lix

Vorwort des Herausgebers

JANUAR

Glück – was sonst

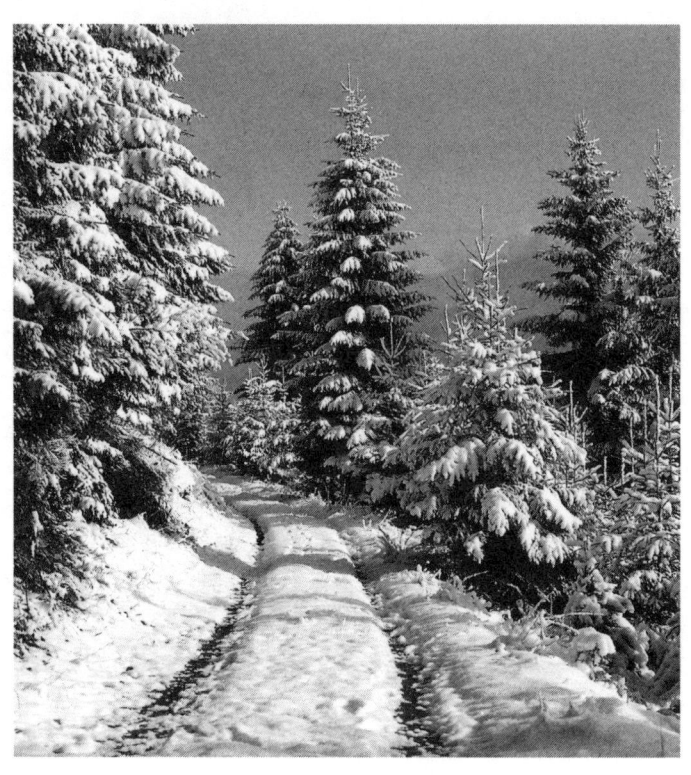

Glück – was sonst

Jemand fragte den Meister: »Glauben Sie an Glück?«
»Durchaus«, erwiderte er mit einem Aufblitzen in seinen Augen.
»Wie sonst ließe sich der Erfolg von Leuten erklären, die man
nicht mag.«

Glück ist Ansichtssache

Eine chinesische Geschichte erzählt von einem alten Bauern, der
ein altes Pferd für die Feldarbeit hatte. Eines Tages entfloh das Pferd
in die Berge, und als alle Nachbarn des Bauern sein Pech bedauerten, antwortete der Bauer: »Pech? Glück? Wer weiß?«
Eine Woche später kehrte das Pferd mit einer Herde Wildpferde aus
den Bergen zurück, und diesmal gratulierten die Nachbarn dem
Bauern wegen seines Glücks. Seine Antwort hieß: »Glück? Pech?
Wer weiß?«
Als der Sohn des Bauern versuchte, eines der Wildpferde zu zäh-
men, fiel er vom Rücken des Pferdes und brach sich ein Bein. Jeder
hielt das für ein großes Pech. Nicht jedoch der Bauer, der nur sagte:
»Pech? Glück? Wer weiß?«
Ein paar Wochen später marschierte die Armee ins Dorf und zog
jeden tauglichen jungen Mann ein, den sie finden konnte. Als sie
den Bauernsohn mit seinem gebrochenen Bein sahen, ließen sie
ihn zurück. War das nun Glück? Pech? Wer weiß?

3. JANUAR
Das Erfolgsrezept

Ein Geschäftsmann wollte vom Meister wissen, was das Geheimnis eines erfolgreichen Lebens sei.
Sagte der Meister: »Mach jeden Tag einen Menschen glücklich!«
Und er fügte als nachträglichen Gedanken hinzu: »... selbst wenn dieser Mensch du selbst bist.«
Nur wenig später sagte er: »*Vor allem* wenn dieser Mensch du selbst bist.«

4. JANUAR
Vielleicht fliegt das Pferd

Im alten Indien verurteilte ein König einen Mann zum Tode. Der Mann bat den König, das Urteil aufzuheben, und fügte hinzu: »Wenn der König gnädig ist und mein Leben schont, werde ich seinem Pferd innerhalb eines Jahres das Fliegen beibringen.«
»Es sei«, sagte der König, »aber wenn das Pferd in dieser Zeit nicht fliegen lernt, wirst du dein Leben verlieren.«
Als seine Familie voll Sorge den Mann später fragte, wie er sein Versprechen einlösen wolle, sagte er: »Im Lauf eines Jahres kann der König sterben. Oder das Pferd kann sterben, oder es kann fliegen lernen. Wer weiß das schon?«

Glück — was sonst

Jetzt ist Ewigkeit

Wissen Sie, was ewiges Leben ist? Sie meinen, es sei Leben ohne Ende. Doch die Theologen werden Ihnen sagen, dass das eine verrückte Vorstellung ist, denn ›ohne Ende‹ ist immer noch ein Zeitbegriff – Zeit, die für immer fortdauert. Ewig heißt zeitlos – ohne Zeit. Für den menschlichen Verstand ist das etwas Unfassbares. Der menschliche Verstand kann Zeit verstehen und sie leugnen. Was zeitlos ist, übersteigt unsere Vorstellungskraft. Die Mystiker jedoch lehren uns, dass die Ewigkeit jetzt geschieht. Ist das keine gute Botschaft?

Wie ein Kaiser betet

Der moslemische Mystiker Farid wurde von seinen Nachbarn gedrängt, an den Hof in Delhi zu gehen, um von Akbar für das Dorf eine Gefälligkeit zu erbitten. Farid betrat die Residenz und fand Akbar beim Gebet.

Als der Kaiser schließlich ansprechbar war, fragte Farid: »Was für ein Gebet habt Ihr gesprochen?«

»Ich bete, der All-Barmherzige möge mir Erfolg, Reichtum und ein langes Leben schenken«, lautete die Antwort.

Farid machte auf der Stelle kehrt und entfernte sich mit den Worten: »Ich kam, um einen Kaiser zu treffen. Aber ich fand nur einen Bettler, genau wie alle anderen.«

Glück – was sonst

Tick-Tack

Der Uhrmacher war gerade dabei, das Pendel einer Uhr zu befestigen, als dieses zu seinem Erstaunen zu sprechen begann.

»Bitte, mein Herr, lassen Sie mich in Ruhe«, bat das Pendel, »Sie täten mir einen großen Gefallen. Bedenken Sie, wie oft ich Tag und Nacht werde ticken müssen. So oft in jeder Minute, sechzig Minuten in der Stunde, vierundzwanzig Stunden am Tag, dreihundertfünfundsechzig Tage im Jahr. Und das Jahr um Jahr ... millionenmal ticken. Das schaffe ich nicht.«

Aber der Uhrmacher erwiderte weise: »Denke nicht an die Zukunft. Ticke einfach ein um das andere Mal, und du wirst jedes Tick-Tack für den Rest deines Lebens genießen.«

Und genau das beschloss das Pendel zu tun. Und so tickt es fröhlich weiter und weiter.

Was nicht zu ändern ist

Der Meister lehrte: Ein Grund dafür, warum viele so unglücklich sind, ist in deren Meinung zu suchen, dass es nichts gebe, was sie nicht ändern könnten.

Und er erzählte gern die Geschichte von dem Mann, der zu dem Radiohändler sagte: »Dieser Transistor, den Sie mir verkauft haben, hat zwar eine ausgezeichnete Tonqualität, doch möchte ich ihn gegen einen anderen tauschen, der ein besseres Programm bietet.«

Glück – was sonst

Überdruss als Lebensziel

Was tun denn die Menschen ihr ganzes Leben lang? Sie kämpfen ständig, kämpfen und kämpfen. Das nennen sie dann überleben. Wenn der Durchschnittsamerikaner sagt, er oder sie würde seinen oder ihren Lebensunterhalt verdienen, unterhalten sie nicht ihr Leben, o nein! Sie haben viel mehr, als sie zum Leben brauchen. Kommen Sie nach Indien und überzeugen Sie sich davon.

Man braucht nicht all die Autos, um leben zu können, genauso wenig wie einen Fernsehapparat. Man braucht nicht die vielen Kosmetika, um zu leben, und auch keinen vollen Kleiderschrank. Aber versuchen Sie einmal, einen Durchschnittsamerikaner davon zu überzeugen: Sie wurden so beeinflusst, programmiert. Sie arbeiten und mühen sich ab, das ersehnte Gut zu bekommen, das ihr Glück bedeutet.

Denken Sie über die folgende bedrückende Geschichte etwas nach – es ist Ihre Geschichte, meine Geschichte, die Geschichte aller: »Solange ich das nicht erreicht habe (Geld, Freundschaft, irgendetwas), bin ich nicht glücklich; ich werde alles tun, um es zu bekommen, und wenn ich soweit bin, werde ich alles tun, um es mir zu erhalten. Ich habe einen kurzen Nervenkitzel. Ich bin begeistert, dass ich es habe!«

Aber wie lange hält es an? Ein paar Minuten, vielleicht ein paar Tage. Wenn Sie Ihr nagelneues Auto in Empfang nehmen, wie lange hält Ihre Begeisterung darüber an? Bis zum nächsten Wunsch, an den Sie Ihr Herz hängen!

Glück – was sonst

Der dritte Wunsch

Gott Vishnu hatte die ständigen Bitten eines Anhängers so satt, dass er ihm eines Tages erschien und sagte: »Ich habe beschlossen, dir drei beliebige Dinge zu gewähren, um die du mich bittest, aber dann ist Schluss. Ich werde dir nichts mehr geben.«

Der Eiferer sprach auf der Stelle hocherfreut seine erste Bitte aus. Er bat, seine Frau möge sterben, so dass er eine bessere Frau heiraten könne. Seine Bitte wurde sofort gewährt.

Aber als seine Freunde und Verwandten zum Begräbnis zusammenkamen und alle die guten Eigenschaften seiner Frau wieder ins Gedächtnis riefen, merkte der Jünger, dass er vorschnell gehandelt hatte. Jetzt wurde ihm klar, dass er ihren Tugenden gegenüber blind gewesen war. Würde er je eine andere Frau finden, die genauso gut wie sie wäre?

Also bat er Vishnu, sie wieder lebendig zu machen! Nun hatte er nur noch eine Bitte frei. Und er war fest entschlossen, dieses Mal keinen Fehler zu machen, denn es wäre nicht mehr möglich, ihn zu korrigieren. Er fragte überall um Rat. Einige seiner Freunde rieten ihm, um Unsterblichkeit zu bitten. Aber was nützte Unsterblichkeit, sagten andere, wenn er nicht gesund war! Und was nützte Gesundheit, wenn er kein Geld hatte? Und was nützte Geld, wenn er keine Freunde hatte?

Jahre vergingen, und er konnte sich zu keinem Wunsch entschließen: Leben oder Gesundheit, oder Reichtum, oder Macht, oder Liebe. Schließlich sagte er zu Vishnu: »Bitte rate mir, worum ich bitten soll.«

Vishnu lachte, als er die missliche Lage des Mannes sah und sagte: »Bitte darum, zufrieden zu sein, was immer das Leben dir auch bringen mag.«

Glück – was sonst

Der Sprung über den Abgrund

»Vollziehe einen klaren Bruch mit deiner Vergangenheit, und du wirst erleuchtet werden«, sagte der Meister.

»Ich werde es nach und nach tun.«

»Größe erreicht man allmählich. Erleuchtung vollzieht sich im Augenblick.«

Später sagte er noch: »Spring! Man kann einen Abgrund nicht mit kleinen Hüpfern überwinden.«

Papierleben und Papiertod

»Wann werde ich erleuchtet?« »Wenn du *siehst*«, sagte der Meister.

»Was sehen?«

»Bäume und Blumen, Mond und Sterne.«

»Aber die sehe ich jeden Tag.«

»Nein, was du siehst sind Papierbäume, Papierblumen, Papiermonde und Papiersterne. Denn du lebst nicht in der Wirklichkeit, sondern in deinen Worten und Gedanken.«

Und um ganz genau zu sein, fügte er noch sanft hinzu: »Du lebst leider ein Papierleben und wirst einen Papiertod sterben.«

Glück – was sonst

13. JANUAR
Kalter Tag – was tun?

An einem bitterkalten Tag drängten sich ein Rabbi und seine Schüler um ein Feuer. Einer der Schüler, Sprachrohr seines Meisters, sagte: »Ich weiß genau, was an einem eiskalten Tag wie heute zu tun ist.«

»Was?«, fragten die anderen.

»Warm halten. Und wenn das nicht möglich ist, weiß ich immer noch, was zu tun ist.«

»Was?«

»Frieren.«

14. JANUAR
Die perfekte Einstellungseinstellung

Der erste Bewerber tritt ein. »Sie verstehen, es handelt sich um einen einfachen Test, dem wir Sie unterziehen, ehe wir Ihnen die Stelle anbieten, um die Sie sich beworben haben?«

»Ja.«

»Also, was ist zwei plus zwei?«

»Vier.«

Der zweite Bewerber tritt ein.

»Sind Sie einverstanden mit einem Test?«

»Ja.«

»Also, was ist zwei plus zwei?«

»Alles, was der Boss sagt.«

Der zweite Bewerber bekam die Stelle.

Glück – was sonst

Ein Schneider fuhr mit Columbus

Habt ihr je von dem Mann gehört, der Christoph Columbus auf seiner Entdeckungsfahrt in die Neue Welt begleitete und sich die ganze Zeit grämte, vielleicht nicht rechtzeitig zurück zu sein, um die Nachfolge des alten Dorfschneiders anzutreten, und ein anderer ihm den Job wegschnappen könnte?

Um in dem Abenteuer, genannt Spiritualität, Erfolg zu haben, muss man fest entschlossen sein, aus dem Leben soviel wie möglich herauszuholen. Viele Menschen begnügen sich mit Nichtigkeiten wie Reichtum, Ruhm, Bequemlichkeit und menschlicher Geselligkeit.

Wenn Wölfe an der Kehle schnuppern

Im Dorf wurden in der Nähe von Meister Shojus Tempel Wölfe gesichtet. Daher ging Shoju eine Woche lang jede Nacht auf den Dorffriedhof und ließ sich dort zur Meditation nieder. Damit wurden die nächtlichen Angriffe der Wölfe beendet.

Die Dorfbewohner waren begeistert. Sie baten, ihnen die geheimen Riten zu offenbaren, die er vorgenommen hatte, damit sie in Zukunft das Gleiche tun könnten.

Sagte Shoju: »Es bedurfte keiner geheimen Riten. Während ich in Meditation saß, versammelte sich eine Anzahl Wölfe um mich. Sie leckten meine Nasenspitze und schnupperten an meiner Kehle. Aber weil ich in rechter innerer Ruhe verharrte, wurde ich nicht gebissen.«

Glück – was sonst

Der Mensch aus der Schublade

Kennen Sie die Geschichte vom Rechtsanwalt, dem der Klempner eine Rechnung ausstellte? Er sagte zum Klempner: »Also hören Sie mal, Sie verlangen zweihundert Mark für die Stunde. Soviel verdiene ich ja als Rechtsanwalt nicht.« Darauf antwortete der Klempner: »Als ich noch Rechtsanwalt war, habe ich das auch nicht verdient!«

Ob man Klempner, Rechtsanwalt, Geschäftsmann oder Priester ist, berührt das eigentliche »Ich« nicht. Wenn ich morgen meinen Beruf wechseln würde, wäre das so, als wechselte ich meinen Anzug. Ich selbst bleibe derselbe. *Sind Sie Ihre Kleider? Sind Sie Ihr Name? Sind Sie Ihr Beruf?* Hören Sie auf, sich mit all dem zu identifizieren. Das alles kann von heute auf morgen anders sein.

Wenn Sie das wirklich begriffen haben, kann Sie keine Kritik mehr treffen. Keine Schmeichelei, kein Lob wird Sie mehr rühren. Wenn Ihnen jemand sagt: »Sie sind ein toller Kerl«, von was spricht er dann? Es ist eine dieser Schubladen, in die man nach Belieben gesteckt wird. Sie verändern sich schnell und hängen von den Maßstäben ab, die die Gesellschaft setzt. Diese Dinge hängen von Ihrer Beeinflussbarkeit ab. Schubladen werden von der Laune dessen bestimmt, der zufälligerweise gerade mit Ihnen spricht. Schubladen haben nichts mit Ihrem »Ich« zu tun. Das »Ich« passt in keine dieser Schubladen.

Glück — was sonst

Musik der Unsterblichkeit

In einem Konzentrationslager lebte einmal ein Gefangener, der, obwohl zum Tode verurteilt, furchtlos und frei war. Eines Tages sah man ihn mitten auf dem Gefängnisplatz Gitarre spielen. Eine große Menge versammelte sich um ihn, denn unter dem Zauber der Musik wurden alle genauso furchtlos wie er. Als die Gefängnisbeamten das merkten, verboten sie dem Mann zu spielen.

Aber am nächsten Tag war er wieder da, sang und spielte auf seiner Gitarre, und die Menge um ihn war größer als zuvor. Wütend schleppten ihn die Wärter weg und hackten seine Finger ab.

Am nächsten Tag war er wieder da, sang und spielte, so gut er mit seinen blutenden Fingern konnte. Dieses Mal jubelten ihm die Menschen zu. Die Wärter schleppten ihn fort und zerschlugen seine Gitarre.

Am nächsten Tag sang er aus ganzem Herzen. Was für ein Lied! So rein und beglückend! Die Menge fiel ein, und während des Singens wurden ihre Herzen so rein wie seines und ihr Geist genauso unbesiegbar. Dieses Mal waren die Wärter so wütend, dass sie ihm die Zunge ausrissen. Stille bereitete sich über dem Lager aus, eine Ahnung von Unsterblichkeit.

Zu jedermanns Erstaunen war er am nächsten Tag wieder da und wiegte sich tanzend zu einer tonlosen Musik, die nur er hören konnte. Und bald fassten sich alle an den Händen und tanzten um diese blutende, zerbrochene Gestalt in der Mitte, während die Wachen wie angewurzelt dastanden.

Glück — was sonst

19. JANUAR
Bomben von der alten Dame

Eine fromme alte Dame nach dem Krieg: »Gott meinte es sehr gut mit uns. Wir beteten unablässig, so fielen alle Bomben auf die andere Seite der Stadt.«

20. JANUAR
Wachstum ist gut, sagte die Krebszelle

Der Meister hörte mit gespannter Aufmerksamkeit zu, als der berühmte Wirtschaftswissenschaftler seinen Entwurf einer künftigen Entwicklung erläuterte.

»Sollte Wachstum der einzige Gesichtspunkt in einer Wirtschaftstheorie sein?«, fragte er.

»Ja. Jedes Wachstum ist gut in sich.«

»Denken nicht Krebszellen genau so?«, sagte der Meister.

21. JANUAR
Ein völlig uninteressanter Mensch

Dem Meister schien es völlig gleichgültig zu sein, was die Menschen von ihm dachten. Als die Schüler fragten, wie er diese Stufe innerer Freiheit erreicht habe, lachte er laut und sagte: »Bis ich zwanzig war, kümmerte es mich nicht, was die Leute von mir dachten. Nach meinem zwanzigsten Lebensjahr fragte ich mich ständig, was wohl meine Nachbarn von mir hielten. Als ich dann einen Tag älter als fünfzig war, erkannte ich plötzlich, dass sie kaum je überhaupt an mich dachten.«

Glück – was sonst

Die Protektionskompetenz

Der Kalif ernannte Nasruddin zum höchsten Ratgeber an seinem Hof, weil er positive Berichte über ihn gehört hatte. Nasruddins Autorität beruhte also nicht auf Kompetenz, sondern auf der Protektion durch den Kalifen, wodurch er für alle Ratsuchenden eine Gefährdung darstellte, wie der folgende Fall zeigte: »Nasruddin, Ihr seid ein Mann von Erfahrung«, sagte ein Höfling. »Wisst Ihr, wie man schmerzende Augen heilt? Meine tun mir sehr weh.«
»Ich will Euch von meiner eigenen Erfahrung sprechen«, sagte Nasruddin. »Ich hatte einmal Zahnschmerzen, und es wurde nicht besser, bis der Zahn gezogen war.«

Arznei für den Nachbarn

Stellen Sie sich einen Patienten vor, der zum Arzt geht und ihm sagt, woran er leidet. Der Arzt sagt: »Ja, Ihre Symptome kenne ich sehr gut. Wissen Sie, was ich jetzt tun werde? Ich verschreibe Ihnen eine Arznei für Ihren Nachbarn.« Der Patient erwidert: »Vielen Dank, Herr Doktor, das wird mir sehr helfen.«
Ist das nicht absurd? Aber so handeln wir alle. Derjenige, der schläft, denkt immer, es würde ihm besser gehen, wenn ein anderer sich ändert. Sie leiden, weil sie schlafen, aber sie denken sich: »Wie schön könnte das Leben sein, wenn die anderen sich ändern würden; wie schön könnte das Leben sein, wenn mein Nachbar sich änderte, oder meine Frau, oder mein Chef.«

Glück — was sonst

Gegen Rang und Namen

Ein Rekrut wurde als Wachmann eingeteilt, um die Einfahrt zu dem Militärlager zu bewachen, mit dem strikten Befehl, keinen Wagen passieren zu lassen, der nicht einen besonderen Wimpel trug.

Es geschah nun, dass er einen Wagen anhielt, in dem ein General saß, der sofort seinem Fahrer befahl, sich nicht um die Wache zu kümmern und weiterzufahren. Daraufhin trat der Rekrut, das Gewehr im Anschlag, vor und sagte ruhig: »Ich bitte um Verzeihung, mein Herr, aber ich bin neu in diesem Geschäft. Wen soll ich erschießen? Sie oder den Chauffeur?«

~

Man erlangt Größe, wenn man den Rang des Vorgesetzten nicht achtet und die Untergebenen seinen eigenen Rang vergessen macht. Wenn man weder überheblich gegenüber den Schwachen ist, noch schwach mit den Überheblichen.

Bei lebendigem Leibe

»Manche Leute behaupten, es gäbe kein Leben nach dem Tod«, sagte ein Schüler.

»Tun sie das?«, fragte der Meister unverbindlich.

»Wäre es nicht furchtbar zu sterben, ohne jemals wieder zu sehen, zu hören, zu lieben oder sich zu bewegen?«

»Findest du das furchtbar?«, erwiderte der Meister. »Das ist doch bei den meisten Menschen so, noch bevor sie gestorben sind.«

Glück — was sonst

Faktoren der Macht

Ein andermal erklärte der Meister: »Wenn du imstande bist, dem Leben ins Gesicht zu lachen, erhältst du Macht über die Welt – genau wie derjenige, der darauf vorbereitet ist zu sterben.«

Granaten für die Zivilisation

Als einmal das Gespräch auf den modernen Fortschritt kam, erzählte der Meister von zwei Gästen aus einem Entwicklungsland, die er nach dem Stand der Wirtschaft in ihrem Land gefragt hatte. Einer der Besucher nahm daran Anstoß: »Was denken Sie«, sagte er, »wir sind ein zivilisiertes Land; wir haben sogar mehrere Munitionsfabriken!«

Dumme Frage

Auf der Straße traf ich ein kleines Mädchen, zitternd in einem dünnen Kleid, ohne Hoffnung, etwas Warmes zu essen zu bekommen. Ich wurde zornig und sagte zu Gott: »Wie kannst du das zulassen? Warum tust du nichts dagegen?«
Eine Zeit lang sagte Gott nichts. Aber in der Nacht antwortete er ganz plötzlich: »Ich habe wohl etwas dagegen getan. Ich habe dich geschaffen.«

Glück – was sonst

Der verbrannte Buddha

In einer kalten Winternacht bat ein Asket um Unterkunft in einem Tempel. Der arme Mann stand zitternd im Schnee, so dass der Tempelpriester, wenn auch ungern, sagte: »Gut, du kannst hier bleiben, aber nur eine Nacht. Das ist ein Gotteshaus und kein Hospiz. Morgen musst du weiterziehen.

Mitten in der Nacht hörte der Priester ein seltsames, knisterndes Geräusch. Er stürzte in den Tempel, und was er sah, war unglaublich. Der Fremde wärmte sich an einem Feuer, das er in dem Tempel entfacht hatte. Eine hölzerne Buddha-Statue fehlte. Der Priester fragte: »Wo ist die Statue?«

Der Wanderer zeigte auf das Feuer und sagte: »Ich dachte, ich würde erfrieren.«

Der Priester schrie: »Bist du verrückt? Weißt du, was du getan hast? Das war eine Buddha-Statue. Du hast den Buddha verbrannt!«

Das Feuer verlöschte langsam. Der Pilger starrte hinein und stocherte in der Glut.

»Was machst du jetzt?«, schrie der Priester.

»Ich suche die Knochen des Buddha, den ich verbrannt haben soll.«

Der Priester erzählte den Vorfall später einem Zen Meister, der sagte: »Du musst ein schlechter Priester sein, wenn dir ein toter Buddha mehr gilt als ein lebendiger Mensch.«

Glück — was sonst

Gott selbstgemacht

Der Priester war fest entschlossen, dem Meister eine unzweideutige Glaubensaussage über Gott zu entlocken.

»Glaubst du, dass es einen Gott gibt?«

»Natürlich glaube ich das«, antwortete der Meister.

»Und dass er alles geschaffen hat, glaubst du das?«

»Ja, ja«, sagte der Meister, »bestimmt glaube ich das.«

»Und wer hat Gott geschaffen?«

»Du«, erwiderte der Meister.

Der Prediger schaute ihn entgeistert an.

»Willst du mir im Ernst erzählen, dass ich Gott geschaffen habe?«

»Den, über den du ständig *nachdenkst* und *sprichst* – ja!«, sagte der Meister ruhig.

Schön gepredigt, Herr Pfarrer

»Sehr gute Predigt«, sagte eine Frau aus der Gemeinde, als sie dem Pfarrer nach dem Gottesdienst die Hand schüttelte. »Alles, was Sie sagten, passt genau auf die eine oder andere meiner Bekannten.«

Glück – was sonst

FEBRUAR

Ein vollkommener Narr

Ein vollkommener Narr

Ein Guru versprach einem Gelehrten eine Offenbarung von größerer Bedeutung als alles, was in den Schriften stand.

Als der Gelehrte ungeduldig darum bat, sie ihm mitzuteilen, sagte der Guru: »Geh hinaus in den Regen und recke Kopf und Arme himmelwärts. Das wird dir die erste Offenbarung bescheren.«

Am nächsten Tag kam der Gelehrte und berichtete. »Ich folgte deinem Rat, und das Wasser floss mir den Nacken hinab. Und ich fühlte mich wie ein vollkommener Narr.«

»Findest du nicht«, sagte der Guru, »dass das für den ersten Tag schon eine ganz schöne Offenbarung ist?«

Überraschung im Nachtclub

Zum Thema der moralischen Erziehung von Kindern wusste der Meister einmal zu sagen:

»Als ich noch nicht zwanzig war, warnte mich mein Vater vor bestimmten Orten in der Stadt.

Er sagte: ›Geh niemals in einen Nachtclub, mein Sohn!‹

›Warum nicht, Vater?‹ wollte ich wissen.

›Weil du dort Dinge siehst, die du besser nicht sehen solltest.‹

Das weckte natürlich meine Neugierde, und bei der nächsten Gelegenheit ging ich in einen Nachtclub.«

Die Schüler fragten: »Und hast du etwas gesehen, was du nicht solltest?«

»Natürlich habe ich«, sagte der Meister. »Ich sah meinen Vater.«

Der weite Weg ins göttliche Land

Der Meister war in mitteilsamer Stimmung, also versuchten seine Schüler von ihm zu erfahren, welche Entwicklungsstufen er auf seiner Suche nach dem Göttlichen durchgemacht hatte.

»Zuerst nahm mich Gott an der Hand und führte mich in das Land der Tat, und dort blieb ich mehrere Jahre. Dann kehrte Er zu mir zurück und führte mich in das Land des Leidens; dort lebte ich, bis mein Herz von jeder übermäßigen Bindung gereinigt war. Darauf fand ich mich wieder im Land der Liebe, dessen Flamme alles verzehrte, was von meinem Selbst übriggeblieben war. Und das brachte mich in das Land der Stille, wo die Geheimnisse von Leben und Tod vor meinen staunenden Augen enthüllt wurden.«

»War das die letzte Stufe Eurer Suche?«, fragten sie.

»Nein«, sagte der Meister, »eines Tages sagte Gott: ›heute werde ich dich in das innerste Heiligtum des Tempels mitnehmen, in das Herz von Gott selbst.‹ Und ich wurde in das Land des Lachens geführt.«

Wovor sich Wichtigtuer fürchten

Es gab kein wichtigtuerisches Gehabe um den Meister. Wildes, ausgelassenes Gelächter brach jedes Mal los, wenn er sprach, zum Entsetzen derer, die es mit ihrer Spiritualität – und mit sich selbst – feierlich hielten.

Sagte ein enttäuschter Besucher: »Der Mann ist ein Clown.«

»Nein, nein«, sagte ein Schüler. »Du übersiehst den entscheidenden Punkt: Ein Clown bringt dich über ihn zum Lachen, ein Meister bringt dich über dich selbst zum Lachen.«

Ein vollkommener Narr

Einer sind zwei

Es gibt eine aufschlussreiche Geschichte von einem Mönch, der in der ägyptischen Wüste lebte und so von Versuchungen gequält wurde, dass er es nicht mehr aushalten konnte. Er beschloss, seine Zelle zu verlassen und an einen anderen Ort zu gehen.

Als er seine Sandalen anlegte, um seinen Entschluss auszuführen, sah er nicht weit entfernt einen anderen Mönch, der sich auch die Sandalen anzog.

»Wer bist du?«, fragte er den Fremden.

»Ich bin dein eigenes Ich«, lautete die Antwort, »solltest du etwa meinetwegen diesen Ort verlassen, dann wisse, wohin du auch immer gehst, ich stets mit dir gehen werde.«

~

Ein verzweifelter Patient sagte zu seinem Psychiater: »Wohin ich auch gehe, immer muss ich mich mitnehmen, und das verdirbt mir jeden Spaß.«

Hilfeschrei verkehrt

Lady Pumphamptons Freund war zum Tee erschienen. Sie gab ihrem Mädchen ein großes Trinkgeld und sagte: »Hier, das ist für Sie. Wenn Sie mich um Hilfe schreien hören, haben Sie Ausgang.«

Ein vollkommener Narr

Die Geschafften

Gewöhnlich drehen sich Ihre Sorgen um die Karriere: Ein Geschäftsmann um die fünfzig, der kaum Zeit hat, trinkt in einer Bar ein Bier und sagt: »Schau dir doch mal meine alten Klassenkameraden an, die haben es wirklich geschafft.«

Dieser Narr! Was meint er damit: »Sie haben es geschafft?« Vielleicht stehen ihre Namen in der Zeitung. Heißt das wohl, es zu »schaffen«? Einer ist Fabrikdirektor, ein anderer wurde Richter; einer wurde dies, ein anderer das. Narren, alle miteinander!

Wer bestimmt, was »Erfolg haben« bedeutet? Die törichte Gesellschaft! Deren Hauptsorge besteht darin, die Gesellschaft krank zu machen. Je eher Sie das merken, desto besser für Sie...

Direktor einer Firma zu sein, hat nichts damit zu tun, erfolgreich zu leben. Einen Haufen Geld zu haben, hat nichts damit zu tun, ob man ein gelungenes Leben führt. Ihr Leben gelingt, wenn Sie wach werden! Dann müssen Sie sich bei niemand mehr entschuldigen, brauchen niemand mehr etwas zu erklären, es ist für Sie nicht wichtig, was jemand von Ihnen denkt oder über Sie erzählt. Nichts kann Sie mehr quälen; Sie sind glücklich. *Das* heißt für mich, erfolgreich zu sein. Ein guter Posten und Berühmtheit haben absolut nichts mit Glück oder Erfolg zu tun. Das ist völlig unwichtig. In Wirklichkeit plagt unseren Mann in der Bar die Frage, was seine Kinder, seine Nachbarn, seine Frau von ihm halten. Er hätte berühmt werden sollen. Unsere Gesellschaft und Kultur hämmert es ihm Tag und Nacht ein. Leute, die es geschafft haben! Was geschafft? Er hat seine ganze Energie auf etwas Wertloses gerichtet. Er ist ständig ängstlich und unruhig. Nennen Sie das menschlich?

Ein vollkommener Narr

Der Zug hält nicht in Fordham

Ein Pendler sprang in New York auf einen Zug und sagte dem Schaffner, er fahre nach Fordham. »Sonnabends halten wir nicht in Fordham«, sagte der Schaffner, »aber hören Sie zu. Wenn wir in Fordham die Fahrt verlangsamen, werde ich Ihnen die Tür öffnen, und Sie können hinausspringen. Aber achten Sie darauf, zunächst ein Stück in Fahrtrichtung mitzulaufen, oder Sie fallen platt aufs Gesicht.«

In Fordham ging die Tür auf, und der Pendler, der absprang, lief vorwärts. Ein anderer Schaffner, der ihn erblickte, machte die Tür auf und zog ihn in den Zug, als dieser wieder schneller fuhr. »Da haben Sie aber Glück gehabt, Kumpel«, sagte der Schaffner. »Dieser Zug hält sonnabends nicht in Fordham.«

Immer blau

»Erleuchtetsein«, erklärte der Meister, als er darauf angesprochen wurde, »ist ein Erwachen.«

»Du schläfst immer noch und weißt es nicht.«

Dann fuhr er fort und erzählte die Geschichte von der jungvermählten Frau, die sich über die Trinkgewohnheiten ihres Mannes beklagte.

»Warum hast du ihn geheiratet, wenn du wusstest, dass er trinkt«, wurde sie gefragt.

»Ich hatte keine Ahnung, dass er trinkt«, sagte die junge Frau, »bis er eines Nachts nüchtern nach Hause kam.«

Ein vollkommener Narr

Der Pfarrer und die leichten Mädchen

Der Meister legte seinen Schülern dar, dass Erleuchtung dann eintritt, wenn sie das *nicht-deutende* Sehen erlangt hätten.

Die Schüler wollten nun wissen, was *deutendes* Sehen sei. Der Meister erklärte es ihnen so:

»Mehrere katholische Straßenarbeiter waren an einer Baustelle nicht weit von einem Bordell beschäftigt, als sie einen Rabbi in dem nicht gerade angesehenen Haus verschwinden sahen. ›Na ja, was kann man schon erwarten?‹ tuschelten sie einander zu. Nach einer Weile schlüpfte ein Pastor durch die Tür. Nichts Überraschendes. ›Was kann man schon erwarten?‹

Daraufhin kam der katholische Pfarrer, der sein Gesicht mit dem Mantel bedeckte, bevor er in dem Haus verschwand. ›Ist das nicht schrecklich? Eines dieser Mädchen muss ernsthaft erkrankt sein‹, sagten die Arbeiter betroffen.«

Der Moment des Lachens

Nehmen wir zum Beispiel eine Frau, die sich ganz vertieft einen Film ansieht. Es ist eine Komödie – sie biegt sich vor Lachen –, und in diesem gesegneten Augenblick vergisst sie, dass niemand sie liebt. Sie ist glücklich! Auf dem Weg nach Hause trifft ihre Freundin, mit der sie im Kino war, ihren Freund und verabschiedet sich von ihr. Die Frau ist wieder allein und denkt: »Ich habe niemanden. Ich bin so unglücklich. *Niemand liebt mich!*«

Ein vollkommener Narr

Eine wertvolle Mitgift

Die Familie war um den Esstisch versammelt. Der älteste Sohn kündigte an, er werde das Mädchen von gegenüber heiraten.

»Aber ihre Familie hat ihr nicht einen Pfennig hinterlassen«, sagte der Vater missbilligend.

»Und sie selbst hat nicht einen Pfennig gespart«, ergänzte die Mutter.

»Sie versteht nichts vom Fußball«, sagte Junior.

»Ich habe noch nie ein Mädchen mit solch komischer Frisur gesehen«, sagte die Schwester.

»Sie tut nichts als Romane lesen«, sagte der Onkel.

»Und sie zieht sich ziemlich geschmacklos an«, sagte die Tante.

»Aber sie spart nicht an Puder und Schminke«, sagte die Großmutter.

»Alles richtig«, sagte der Sohn, »aber sie hat verglichen mit uns einen großen Vorteil.«

»Und der wäre?«, wollten alle wissen.

»Sie hat keine Familie.«

Die vertauschten Sessel

Nach dreißig Jahren gemeinsamen Fernsehens sagte ein Mann zu seiner Frau: »Lass uns heute Abend etwas wirklich Aufregendes unternehmen!«

Sofort tauchten vor ihrem Auge Visionen von einer Nacht in der Stadt auf. »Phantastisch«, sagte sie, »was wollen wir machen?«

»Wir könnten einmal die Sessel tauschen.«

Ein vollkommener Narr

Wenn einem Frauen zu schaffen machen

Zwei kleine Jungen unterhielten sich.
Fragte einer den anderen: »Wie alt bist du?«
»Ich bin fünf. Wie alt bist du?«
»Weiß ich nicht.«
»Du weißt nicht, wie alt du bist?«
»Nee.«
»Machen dir Frauen zu schaffen?«
»Nee.«
»Dann biste vier.«

Mann oder Maus

Ein stattlicher Mann schickte sich an, das Lokal gegen zehn Uhr zu verlassen. »Warum so früh?«, fragte der Wirt.
»Wegen meiner Frau.«
»Du hast also Angst vor deiner Frau? Bist du ein Mann oder eine Maus?«
»Eines bin ich mir sicher: Ich bin keine Maus, denn meine Frau hat Angst vor Mäusen.«

Ein vollkommener Narr

Der Herr Pfarrer weiß immer Bescheid

Der Gemeindepfarrer hatte Geburtstag, und die Kinder kamen mit Glückwünschen und Geschenken.

Der Pfarrer nahm das in Geschenkpapier eingehüllte Päckchen von der kleinen Mary und sagte: »Oh, ich sehe, du hast mir ein Buch geschenkt.« (Marys Vater hatte in der Stadt eine Buchhandlung.)

»Ja, woher wissen Sie das?«

»Der Herr Pfarrer weiß immer Bescheid.«

»Und du, Tommy, du hast mir einen Pullover gebracht«, sagte der Pfarrer und ergriff das Päckchen, das Tommy ihm hinhielt. (Tommys Vater hatte ein Wollwarengeschäft.)

»Das stimmt. Woher wussten Sie das?«

»Nun ja, der Herr Pfarrer weiß immer Bescheid.«

So ging es weiter, bis der Pfarrer Bobbys Schachtel ergriff. Das Einwickelpapier war feucht (Bobbys Vater verkaufte Weine und Spirituosen), deshalb sagte der Pfarrer: »Ich sehe, du hast mir eine Flasche Whiskey gebracht, und etwas ist ausgelaufen.«

»Falsch«, sagte Bobby, »es ist kein Whiskey.«

»Nun, dann ist es eine Flasche Rum.«

»Wieder falsch.«

Fathers Finger waren feucht. Er steckte einen in den Mund, aber das half ihm auch nicht weiter.

»Ist es Gin?«

»Nein«, sagte Bobby, »ich habe Ihnen einen kleinen Hund gebracht.«

Ein vollkommener Narr

Der verschwommene Ehemann

»Liebling«, sagte eine Frau auf einer Party zu ihrem Mann, »trink lieber nicht mehr. Du siehst schon so verschwommen aus.«

Nasruddin und das Ei

Nasruddin verdiente seinen Lebensunterhalt, indem er Eier verkaufte. Jemand betrat seinen Laden und sagte: »Rate, was ich in der Hand habe.«
»Gib mir einen Tipp«, sagte Nasruddin.
»Ich werde dir mehrere geben: Es hat die Form eines Eis und die Größe eines Eis. Es sieht aus wie ein Ei, schmeckt wie ein Ei und riecht wie ein Ei. Innen ist es gelb und weiß. Es ist flüssig, ehe es gekocht wird, und wird beim Erhitzen immer fester. Außerdem wurde es von einer Henne gelegt...«
»Ach, ich weiß«, sagte Nasruddin. »Es ist eine Art Kuchen.«

~

Der Fachmann hat ein besonderes Talent, den Wald vor lauter Bäumen nicht zu sehen.
Der Oberpriester hat ein besonderes Talent, den Messias zu übersehen!

Ein vollkommener Narr

Unsinn, aber feierlich

»Der Mann redet Unsinn«, sagte ein Besucher, nachdem er dem Meister zugehört hatte.

Sagte ein Schüler: »Du würdest nicht weniger Unsinn reden, wolltest du versuchen, das Unsagbare auszusprechen.«

~

Als der Besucher darüber mit dem Meister selbst sprach, erhielt er von ihm die Antwort: »Niemand ist davon ausgenommen, Unsinn zu reden. Das Schlimme dabei aber ist, es feierlich zu tun.«

Keine Chance

Eine Religionsgemeinschaft hielt ihre Veranstaltungen in einem Hotel ab, dessen Devise in großen Lettern an den Wänden der Empfangshalle stand: »Es gibt keine Probleme, nur Chancen.«

Ein Mann trat an die Rezeption und sagte: »Entschuldigung, ich habe ein Problem.«

Der Empfangschef erwiderte lächelnd: »Wir kennen keine Probleme, mein Herr, nur Chancen.«

»Nennen Sie es, wie sie wollen«, sagte der Mann ungeduldig, »in dem mir zugewiesenen Zimmer ist eine Frau.«

Ein vollkommener Narr

Der Unfehlbare

»Du hörst zu«, sagte der Meister, »nicht um zu entdecken, sondern um auf etwas zu stoßen, was dein eigenes Denken bestätigt. Du argumentierst, nicht um die Wahrheit zu finden, sondern um deine Ansichten zu verteidigen.«

Dann erzählte er die Geschichte von einem König, der einmal durch eine kleine Stadt zog und überall Anzeichen einer verblüffenden Schießkunst feststellte. Bäume, Zäune und Wände waren mit Kreisen bemalt und hatten genau in der Mitte ein Einschussloch. Er fragte, wo dieser Meisterschütze sei, der sich bald als ein zehnjähriger Junge entpuppte.

»Das ist doch unglaublich«, sagte der König erstaunt. »Wie um alles in der Welt bringst du das fertig?«

»Kinderleicht«, war die Antwort. »Ich schieße zuerst und male dann die Kreise.«

»Ebenso ziehst du zuerst deine Folgerungen und baust dann deine Prämissen um sie herum auf«, sagte der Meister. »Ist es nicht derselbe Weg, den du einschlägst, um an deiner Religion und deinen Theorien festzuhalten?«

Trompeters Klartext

Ein Dirigent probte mit seinem Orchester und sagte zu dem Trompeter: »Ich glaube, an diese Stelle sollten Sie mit etwas mehr Wagnerscher Verve herangehen, wenn Sie wissen, was ich meine, ein bisschen nachdrücklicher, betont, etwas mehr Volumen, mehr Tiefe, mehr...«

Der Trompeter unterbrach: »Soll ich lauter spielen, mein Herr?«

Ein vollkommener Narr

Erfahrungen einer Leiche

Einen Schüler verlangte es von ganzem Herzen, der Welt zu entsagen, aber er behauptete, seine Familie liebe ihn zu sehr, um ihn gehen zu lassen.

»Liebe?«, sagte sein Guru. »Das ist durchaus keine Liebe. Hör zu …«, und er offenbarte dem Schüler ein Yoga-Geheimnis, wie er seinen eigenen Tod simulieren könnte. Am nächsten Tag war der Mann allem äußeren Anschein nach tot, und das Haus hallte wider vom Weinen und Klagen seiner Familie.

Dann tauchte der Guru auf und sagte den trauernden Angehörigen, er habe die Macht, den Mann wieder zum Leben zu erwecken, wenn jemand an seiner Stelle sterben würde. Freiwillige vor!

Zum Erstaunen des »Leichnams« begann jedes Familienmitglied Gründe vorzubringen, warum gerade er am Leben bleiben müsste. Seine Frau fasste die Gefühle aller zusammen und sagte: »Es ist eigentlich wirklich nicht notwendig, dass jemand seinen Platz einnimmt. Wir werden auch ohne ihn fertig werden.«

Wie es uns gefällt

Mutter: »Was gefällt deiner Freundin an dir?«

»Sie hält mich für gut aussehend, begabt, klug und für einen guten Tänzer.«

»Und was gefällt dir an ihr?«

»Sie hält mich für gut aussehend, begabt, klug und für einen guten Tänzer.«

Ein vollkommener Narr

Puddingphilosophie

Ehe der Besucher eventuelle Schülerschaft diskutierte, verlangte er von dem Meister Zusicherungen.

»Könnt Ihr mich lehren, was das Ziel eines Menschenlebens ist?«

»Das kann ich nicht.«

»Oder wenigstens seinen Sinn?«

»Das kann ich nicht.«

»Könnt Ihr mir das Wesen des Todes erklären und eines Lebens jenseits des Grabes?«

»Das kann ich nicht.«

Der Besucher ging zornig davon. Die Schüler waren betreten, dass ihr Meister eine so schlechte Figur gemacht hatte.

Sagte der Meister tröstend: »Was nützt es, die Essenz des Lebens zu verstehen und seinen Sinn zu begreifen, wenn ihr es nie gekostet habt? Mir ist es lieber, ihr esst euren Pudding, als dass ihr darüber spekuliert.«

Raucherwahrheit

Ein Freund von mir, der ein sehr starker Raucher war, sagte einmal: »Über das Rauchen gibt es doch alle möglichen Witze. Man erzählt uns, dass Rauchen uns umbringt, aber sieh dir doch die alten Ägypter an; sie sind samt und sonders tot, und kein einziger hat geraucht.«

Eines Tages bekam er Probleme mit seiner Lunge und musste sich im Krebsforschungszentrum in Bombay untersuchen lassen. Der Arzt sagte: »Pater, Sie haben zwei Schatten auf der Lunge, das könnte Krebs sein. In vier Wochen möchte ich Sie wiedersehen.«

Ein vollkommener Narr

Seitdem hat er keine Zigarette mehr angerührt. Vorher *wusste* er, dass Rauchen tödlich sein kann, nachher war er sich dessen *bewusst*. Das ist der Unterschied.

Der Gründer des Jesuitenordens, der heilige Ignatius von Loyola, verwendet einen schönen Ausdruck dafür. Er nennt es, die Wahrheit schmecken und fühlen – nicht sie wissen, sondern schmecken und fühlen, ein Gefühl für sie bekommen. Wenn Sie ein Gefühl für sie bekommen haben, ändern Sie sich. Wenn Sie sie in Ihrem Kopf wissen, nicht.

27. FEBRUAR

Drei Boote

Ein Priester saß an seinem Schreibtisch am Fenster und bereitete eine Predigt über die Vorsehung vor, als er plötzlich eine Explosion zu hören glaubte. Bald sah er auch Menschen in Panik hin und her laufen und erfuhr, dass ein Damm gebrochen war, der Fluss Hochwasser führte, und die Bevölkerung evakuiert wurde.

Der Priester sah, wie das Wasser auf der Straße stieg. Es fiel ihm schwer, aufsteigende Panik zu unterdrücken, aber er sagte sich: »Ausgerechnet jetzt arbeite ich an einer Predigt über die Vorsehung, da erhalte ich Gelegenheit zu praktizieren, was ich predige. Ich werde nicht fliehen. Ich werde hier blieben und auf Gottes Vorsehung, mich zu retten, vertrauen.«

Als das Wasser bis zu seinem Fenster stand, fuhr ein Boot vorbei, und die Menschen darin riefen ihm zu: »Steigen Sie ein, Herr Pfarrer.«

»Oh, nein, Kinder«, sagte der Priester zuversichtlich, »ich vertraue auf die Vorsehung. Gott wird mich retten.«

Er kletterte jedoch auf das Dach, und als das Wasser auch bis dorthin stieg, kam ein weiteres Boot voller Menschen vorbei, und sie drängten den Pfarrer, einzusteigen. Wiederum lehnte er ab.

Ein vollkommener Narr

Dieses Mal stieg er bis in die Glockenstube. Als ihm das Wasser bis zu den Knien reichte, schickte man einen Polizeioffizier mit einem Motorboot, um ihn zu retten. »Nein, danke, Herr Offizier«, sagte der Priester ruhig lächelnd. »Sehen Sie, ich vertraue auf Gott. Er wird mich nicht im Stich lassen.«

Als der Pfarrer ertrunken und zum Himmel aufgestiegen war, beklagte er sich sofort bei Gott. »Ich habe dir vertraut! Warum tatest du nichts, um mich zu retten?«

»Nun ja«, erwiderte Gott, »immerhin habe ich drei Boote geschickt.«

28. FEBRUAR

Die ehrliche Köchin

»Ein guter Weg, Ihre eigenen Fehler und Unzulänglichkeiten zu erkennen«, sagte der Meister, »besteht darin, zu beobachten, was Sie bei anderen stört.«

Er erzählte einmal, wie seine Frau eine Dose mit Schokoladenbonbons in den Küchenschrank gestellt hatte, um schon nach einer Stunde, als sie die Dose wieder in die Hand nahm, festzustellen, dass sie bis auf den Boden leer war. Die Bonbons waren sorgfältig Stück für Stück in eine Papiertüte gepackt, die bei den persönlichen Sachen der neuen Köchin lag. Die gutmütige Frau wollte deswegen kein Aufhebens machen. Sie füllte die Bonbons wieder in die Dose um und stellte sie an einen Platz außer Reichweite.

Nach dem Essen teilte die Köchin dem Hausherrn mit, dass sie ihre Stelle noch am selben Abend verlassen werde.

»Warum denn? Was ist los?«, fragte der Meister.

»Ich möchte nicht für Leute arbeiten, die zurückstehlen«, antwortete sie erbost.

Ein vollkommener Narr

Vom verlorenen Spielzeug

Was brachte euch die Erleuchtung?
»Freude.«
»Und was ist Freude?«
»Die Erkenntnis, dass alles zu verlieren nichts weiter bedeutet, als ein Spielzeug verloren zu haben.«

Ein vollkommener Narr

Mein vorletztes Hemd für eine Blume

1. MÄRZ
Mein vorletztes Hemd für eine Blume

Eines Tages wollten die Schüler wissen, wie der Mensch beschaffen sein müsste, der am besten geeignet sei, Schüler zu werden.

Sagte der Meister: »Das wäre ein Mensch, der nur zwei Hemden hat, eines davon veräußert und von dem Geld eine Blume kauft.«

2. MÄRZ
Zedern wachsen langsam

Als der Meister hörte, dass ein Wald in der Nachbarschaft durch Feuer vernichtet worden war, mobilisierte er alle seine Schüler.

»Wir müssen die Zedern wieder anpflanzen«, sagte er.

»Die Zedern«, rief ein Schüler ungläubig aus, »die brauchen doch 2000 Jahre zum Wachsen.«

»In diesem Fall«, sagte der Meister, »gilt es keine Minute zu verlieren. Wir müssen sofort damit anfangen.«

3. MÄRZ
Vor einem schönen Bild

Zu meinem Bekanntenkreis gehört ein sehr frommer und heiligmäßiger Jesuit, der eine kleine Sammlung jener schönen Landschaftsbilder besitzt, die man heute in Kalendern findet. Er hat mir gesagt, er betrachte, wenn er müde sei, einfach eines dieser Bilder und stelle fest, dass er sich ins Gebet versenkt habe.

Ein großer Tag

Ein junger Amerikaner kam als Büroangestellter ins Weiße Haus und nahm an einem Empfang teil, den der Präsident allen Angestellten des Weißen Hauses gegeben hatte. Er dachte, seine Mutter würde es aufregend finden, aus dem Weißen Haus angerufen zu werden, also ließ er durch die Vermittlung eine Verbindung herstellen.

»Mutter«, sagte er stolz, »heute ist ein großer Tag für mich. Weißt du, woher ich anrufe? Aus dem Weißen Haus.«

Die Antwort vom anderen Ende war nicht ganz so aufgeregt, wie er es erwartet hatte. Schließlich sagte seine Mutter: »Es war auch ein großer Tag für mich, mein Junge.«

»Wirklich? Was ist passiert?«

»Ich habe es endlich geschafft, die Mansarde auszuräumen.«

Die gestreiften Fensterscheiben

Eine Frau beschwerte sich bei einer Freundin, die sie besuchte, dass ihre Nachbarin keine gute Hausfrau sei.

»Du solltest sehen, wie schmutzig ihre Kinder sind – und ihr Haus. Es ist beinahe eine Schande, in der Nachbarschaft zu wohnen. Sieh dir bloß einmal die Wäsche an, die sie draußen auf die Leine gehängt hat. Man erkennt deutlich die schwarzen Streifen auf den Laken und den Handtüchern.«

Die Freundin ging zum Fenster und sagte: »Ich glaube, die Wäsche ist ganz sauber, meine Liebe. Die Streifen sind auf deinen Fensterscheiben.«

Mein vorletztes Hemd für eine Blume

6. MÄRZ
Sokrates und der Plunder

Als wirklicher Philosoph, der er war, glaubte Sokrates, ein weiser Mensch würde instinktiv ein einfaches Leben führen. Er selbst pflegte noch nicht einmal Schuhe zu tragen. Und doch fühlte er sich immer wieder vom Marktplatz angezogen und besuchte ihn oft, um die dort angebotenen Waren zu betrachten.

Als einer seiner Freunde ihn fragte, warum er das täte, sagte Sokrates: »Ich gehe gerne hin, um festzustellen, wie viele Dinge es gibt, ohne die ich phantastisch auskomme.«

7. MÄRZ
Die Kuh im Wohnzimmer

»Ich brauche dringend Hilfe – sonst werde ich verrückt. Meine Frau und ich leben mit Kindern und Schwiegereltern in einem einzigen Raum. Wir sind mit unseren Nerven am Ende, wir brüllen uns an und schreien. Es ist die Hölle.«

»Versprichst du, alles zu tun, was ich dir sage?«, fragte der Meister.

»Ich schwöre, ich werde alles tun.«

»Gut. Wie viele Haustiere hast du?«

»Eine Kuh, eine Ziege und sechs Küken.«

»Nimm sie alle zu dir ins Zimmer. Dann komm in einer Woche wieder.«

Der Schüler war entsetzt, aber er hatte versprochen zu gehorchen. Also nahm er die Tiere ins Haus. Eine Woche später kam er wieder, ein Bild des Jammers, und stöhnte: »Ich bin ein nervöses Wrack. Der Schmutz! Der Gestank! Der Lärm! Wir sind alle am Rande des Wahnsinns.«

Mein vorletztes Hemd für eine Blume

»Geh nach Hause«, sagte der Meister, »und bring die Tiere wieder nach draußen.«

Der Mann rannte den ganzen Heimweg. Und kam am nächsten Tag freudestrahlend zurück. »Wie schön ist das Leben! Die Tiere sind draußen. Die Wohnung ist ein Paradies – so ruhig und sauber und so viel Platz!«

Der Klempner an den Niagarafällen

Ein eifriger junger Mann, der gerade seine Prüfung als Klempner bestanden hatte, wurde zu den Niagarafällen mitgenommen. Er betrachtete sie kurz und sagte dann: »Ich glaube, das kann ich in Ordnung bringen.«

Warum hat der Papagei Husten?

Ein alter Seemann gab das Rauchen auf, als sein Lieblingspapagei einen Dauerhusten entwickelte. Er machte sich Vorwürfe, dass der Pfeifenqualm im Zimmer die Gesundheit des Papageis geschädigt hatte.

Er ging mit dem Vogel zum Tierarzt.

Nach einer gründlichen Untersuchung erklärte der Veterinär, der Papagei leide weder an Psittacose noch an einer Lungenentzündung, sondern habe ganz einfach den Husten seines Pfeife rauchenden Herrchens nachgeahmt.

Mein vorletztes Hemd für eine Blume

Fallschirmspringers Alptraum

»Womit bestreiten Sie Ihren Lebensunterhalt?« fragte eine Dame einen jungen Mann auf einer Cocktailparty.

»Ich bin Fallschirmspringer.«

»Das muss doch schrecklich sein«, sagte die Lady.

»Nun ja, es gibt schon brenzlige Situationen.«

»Erzählen Sie mir Ihre schrecklichste Erfahrung.«

»Das war damals«, sagte der Fallschirmspringer, »als ich auf einem Rasen landete und ein Schild sah: Rasen betreten verboten.«

Dobermann und Lebertran

Ein Mann begann, seinem Dobermann große Mengen Lebertran zu geben, weil man ihm gesagt hatte, das Zeug sei gut für Hunde. Jeden Tag pflegte er den Kopf des widerstrebenden Tieres zwischen seinen Knien festzuhalten, seine Schnauze gewaltsam zu öffnen und ihm die Flüssigkeit mit einem Löffel hineinzuschütten.

Eines Tages riss sich der Hund los und spuckte den Lebertran aus. Zum größten Erstaunen seines Herrn begann er dann jedoch, den Löffel abzulecken. So kam der Mann darauf, dass der Hund nichts gegen den Lebertran hatte, sondern gegen die Art der Verabreichung.

Mein vorletztes Hemd für eine Blume

Fluchen wie beten

Der arabische Meister Jalal ud-Din Rumi erzählte gerne folgende Geschichte:

Eines Tages verrichtete der Prophet Mohammed sein Morgengebet in der Moschee. In der Menschenmenge, die mit dem Propheten zusammen betete, war ein arabischer Aspirant. Mohammed begann den Koran zu lesen und sagte den Vers, in dem der Pharao den Anspruch erhebt: »Ich bin euer wahrer Gott«. Bei diesen Worten ergriff den guten Aspiranten so spontan der Zorn, dass er in die Stille hineinschrie: »Dieser prahlerische Hurensohn!«

Der Prophet sagte nichts, aber nach dem Gebet begannen die anderen den Araber zu schelten: »Schämst du dich nicht? Dein Gebet wird Gott missfallen, weil du nicht nur die heilige Stille des Gebetes unterbrochen hast, sondern auch in Gegenwart von Gottes Propheten unflätige Worte gebrauchtest.«

Der Araber wurde rot vor Scham und zitterte vor Angst, bis Gabriel dem Propheten erschien und sagte: »Gott grüßt dich und bittet dich, diesen Leuten Einhalt zu gebieten, dass sie diesen einfachen Araber nicht weiter schelten; seine ehrlich gemeinten Flüche gingen mir mehr zu Herzen als die heiligen Gebete vieler anderer.«

Gott sieht unser Herz an, wenn wir beten, nicht die äußeren Formeln.

Der Wahrheitsladen ist zu teuer

Ich konnte kaum meinen Augen trauen, als ich den Namen des Ladens sah: Wahrheitsladen. Dort wurde Wahrheit verkauft.

Die Verkäuferin war sehr höflich: Welche Art Wahrheit wollte ich kaufen, Teilwahrheiten oder die ganze Wahrheit? Natürlich die ganze Wahrheit. Nichts da mit Trugbildern, Rechtfertigungen, moralischen Mäntelchen. Ich wollte meine Wahrheit schlicht und klar und ungeteilt. Sie winkte mich in eine andere Abteilung des Ladens, wo die ganze Wahrheit verkauft wurde.

Der Verkäufer dort sah mich mitleidig an und zeigte auf das Preisschild. »Der Preis ist sehr hoch«, sagte er.

»Wie viel?«, fragte ich, entschlossen, die ganze Wahrheit zu erwerben, gleichgültig, was sie kostete.

»Wenn Sie diese hier nehmen«, sagte er, »bezahlen Sie mit dem Verlust Ihrer Ruhe und Gelassenheit, und zwar für den Rest Ihres Lebens.«

Traurig verließ ich den Laden. Ich hatte gedacht, ich könnte die ganze Wahrheit billig bekommen. Ich bin noch nicht bereit für die Wahrheit. Immer wieder sehne ich mich nach Ruhe und Frieden. Ich habe es noch nötig, mich mit Rechtfertigungen und moralischen Mäntelchen zu täuschen. Ich suche immer noch Schutz bei meinen nicht in Frage gestellten Anschauungen.

Mein vorletztes Hemd für eine Blume

Mein Freund, der Drache

Ein Mann suchte einen Psychiater auf und sagte ihm, er werde jede Nacht von einem über dreißig Meter langen Drachen mit drei Köpfen besucht.

Er war ein Nervenbündel, konnte nicht mehr schlafen und stand am Rande eines Zusammenbruchs. Sogar an Selbstmord hatte er schon gedacht.

»Ich glaube, ich kann Ihnen helfen«, sagte der Psychiater, »aber ich muss Sie warnen, es wird ein oder zwei Jahre dauern und 3000 Dollar kosten.«

»3000 Dollar!«, rief der Mann. »Vergessen Sie es! Ich werde einfach nach Hause gehen und mich mit dem Drachen anfreunden.«

15. MÄRZ

Kein Ärger in der Morgenstund'

»Du siehst so müde aus, Jack, was ist mit dir?«

»Ich bin erst früh morgens nach Hause gekommen, und gerade als ich mich auszog, wachte meine Frau auf und sagte: ›Stehst du nicht viel zu zeitig auf, Jack?‹ Um keinen Ärger zu machen, zog ich mich wieder an und ging zur Arbeit.«

Mein vorletztes Hemd für eine Blume

Teelöffelmethode

Menschliche Probleme widerstehen hartnäckig ideologischen Lösungen, stellte der Fachmann für effektivere Arbeitsvorgänge aus eigener Erfahrung fest, als er dem Meister vorführte, wie man heute einen Graben nach modernen Methoden aushebt. »Diese Maschine«, sagte er, »hat Scharen von Männern die Arbeit weggenommen. Man sollte sie eigentlich zerstören und dafür hundert Männer mit Hacke und Schaufel in diesen Graben stellen.«

»Richtig«, sagte der Meister, »oder noch besser tausend Männer mit Teelöffeln.«

Angst vor leeren Blättern

Als ein Diktator an die Macht kam, wurde der Meister beim Verteilen von Flugblättern, was gegen die Zensurbestimmungen verstieß, auf der Straße festgenommen.

Die Polizei untersuchte seinen Rucksack, fand darin jedoch statt Propagandamaterial nur blanke Papierbogen.

»Was hat das zu bedeuten?«, wollte der Polizist wissen.

Der Meister lächelte und erwiderte: »Die Leute wissen, was das zu bedeuten hat.«

Die Geschichte sprach sich im ganzen Land herum, so dass es die Priester keineswegs amüsierte, als einige Jahre später der Meister dabei entdeckt wurde, wie er blanke Papierbogen im Tempelbezirk verteilte.

Mein vorletztes Hemd für eine Blume

Frösche kennen keinen Honig

»Sag uns etwas über Sex.«

»Sex«, sagte der Meister, »ist für diejenigen, die ihn kennen, göttlich.«

»Für die, die ihn kennen?«

Sagte der Meister: »Der Frosch sitzt nahe bei den Blumen und weiß nichts von dem Honig, den die Biene findet.«

Okay

Darf ich Ihnen etwas sagen? Wenn Sie sich selbst erlauben, sich gut zu fühlen, sobald man Ihnen sagt, dass Sie okay sind, schaffen Sie die Voraussetzung dafür, sich schlecht zu fühlen, sobald man Ihnen sagt, dass Sie nicht okay sind. Solange Sie dafür leben, die Erwartungen anderer zu erfüllen, achten Sie darauf, was Sie anziehen, wie Sie sich frisieren, ob Ihre Schuhe geputzt sind – kurz, ob Sie jeder lächerlichen Erwartung entsprechen wollen. Nennen Sie das menschlich?

Und das werden Sie entdecken, wenn Sie sich beobachten! Sie werden entsetzt sein! Der springende Punkt ist, dass Sie weder okay noch nicht okay sind. Sie können höchstens der momentanen Stimmung, dem Trend oder der Mode entsprechen. Heißt das nun, dass Sie okay geworden sind? Hängt Ihr Okay-Sein davon ab? Hängt es davon ab, wie man über Sie denkt? Jesus Christus muss demnach überhaupt nicht okay gewesen sein. Sie sind nicht ›okay‹, und Sie sind nicht ›nicht okay‹, Sie sind Sie selbst!

Mein vorletztes Hemd für eine Blume

Das große Werk des Tetsugen

Tetsugen, ein Schüler des Zen, machte sich an eine gewaltige Aufgabe: den Druck von siebentausend Kopien der Sutren, die bis dahin nur in Chinesisch verfügbar waren.

Er reiste kreuz und quer durch Japan, um Geld für dieses Projekt zu sammeln. Einige reiche Leute spendeten wohl an die hundert Goldstücke, aber meistens bekam er nur kleine Münzen von Bauern. Tetsugen sprach jedem Spender den gleichen Dank aus, ungeachtet der Höhe der Spende.

Nach zehn langen Jahren des Umherreisens hatte er endlich die für das Unternehmen nötige Summe zusammen. Gerade zu dieser Zeit trat der Fluss Uji über die Ufer, und Tausende waren ohne Nahrung und Unterkunft. Tetsugen gab alles Geld, das er gesammelt hatte, diesen armen Leuten.

Dann begann er von neuem, Gelder zu sammeln. Wieder dauerte es mehrere Jahre, bis er die benötigte Summe hatte. Da brach im Land eine Epidemie aus, und wieder gab Tetsugen das gesammelte Geld den Opfern.

Er nahm erneut seine Reise auf und zwanzig Jahre später wurde sein Traum, die Schriften auf Japanisch drucken zu lassen, wahr.

Der Druckstock dieser ersten Ausgabe der Sutren ist im Obaku Kloster in Kyoto ausgestellt. Die Japaner erzählen ihren Kindern, Tetsugen habe im ganzen drei Ausgaben der Sutren drucken lassen, die ersten seien unsichtbar und weit wertvoller als die dritte.

Mein vorletztes Hemd für eine Blume

Abhärtungen

»Warum hebst du in deinen Predigten den Wert des Leidens so stark hervor?«, fragte der Meister.

»Weil es uns gegenüber den Wechselfällen des Lebens abhärtet«, antwortete der Prediger.

Darauf sagte der Meister nichts.

Später fragte ein Schüler: »Gegenüber was genau härtet uns das Leiden ab?«

»Vermutlich gegenüber mehr Leiden«, entgegnete der Meister lächelnd.

Der Mann ist zu jung

Irgendwann in den dreißiger Jahren exportierte eine Maschinenfabrik eine Maschine nach Japan. Einen Monat später erhielt das Unternehmen ein Telegramm: *Maschine funktioniert nicht. Bitte zwecks Regelung jemanden schicken.*

Die Firma schickte einen Mann nach Japan. Ehe er überhaupt Gelegenheit bekam, die Maschine zu überprüfen, erhielt das amerikanische Unternehmen ein zweites Telegramm: *Mann zu jung, bitte älteren schicken.*

Die Antwort der Firma lautete: *Vorschlagen, ihn einzusetzen; er ist der Erfinder der Maschine.*

Mein vorletztes Hemd für eine Blume

Die Hand des Meisters

Ein Erdbeben erschütterte die Stadt, und der Meister stellte erfreut fest, wie sehr seine Schüler von seiner zur Schau getragenen Furchtlosigkeit beeindruckt waren.

Als er einige Tage später gefragt wurde, was es heiße, die Angst zu besiegen, erinnerte er sich an sein eigenes Beispiel: »Habt ihr bemerkt, dass ich still dasaß und ruhig Wasser trank, während alle Welt in Panik hin und her lief? Hat einer von euch gesehen, dass meine Hand, die das Glas hielt, zitterte?«

»Nein«, sagte ein Schüler, »aber ihr trankt nicht Wasser, sondern Sojabohnensoße.«

Sünder erster Klasse

Eines Tages kniete ein Bischof vor dem Altar nieder und begann, sich in einem Ausbruch religiöser Leidenschaft an die Brust zu schlagen und zu rufen: »Ich bin ein Sünder, hab Erbarmen mit mir! Ich bin ein Sünder, hab Erbarmen mit mir!«

Der Ortspriester, der von diesem Beispiel an Demut inspiriert wurde, fiel neben dem Bischof auf die Knie, begann sich an die Brust zu schlagen und zu rufen: »Ich bin ein Sünder, hab Erbarmen mit mir! Ich bin ein Sünder, hab Erbarmen mit mir!«

Der Küster, der zufällig in der Kirche war, war so bewegt, dass er sich nicht zurückhalten konnte. Auch er fiel auf die Knie, schlug sich an die Brust und rief: »Ich bin ein Sünder, hab Erbarmen mit mir!«

Worauf der Bischof den Priester anstieß, auf den Küster zeigte und lächelnd sagte: »Sehen Sie mal, wer da denkt, er sei ein Sünder.«

Mein vorletztes Hemd für eine Blume

Bambus

Unser Hund Brownie saß in perfekter Habachtstellung mit ge-
spitzten Ohren, nervös mit dem Schwanz wedelnd, und blickte aufmerksam hinauf in einen Baum. Er hatte es auf einen Affen ab-
gesehen. Nur eine Sache beschäftigte ihn: der Affe. Und da er nicht
denken kann, störte kein einziger Gedanke seine völlige Versenkung: kein Gedanke daran etwa, was er abends fressen würde, ob es
überhaupt etwas zum Fressen geben oder wo er schlafen würde.
Ich habe noch kein Wesen gesehen, das dem Inbegriff von Kontemplation so nahe kam wie Brownie.

Vielleicht hast du selbst schon einmal Ähnliches erfahren, z. B. bei
der Beobachtung eines spielenden Kätzchens, das dich völlig in
Anspruch nahm. Das ist ein Weg, um einen Zustand der Versenkung zu erreichen, der auch nicht schlechter ist als andere, die ich
kenne: sich völlig der Gegenwart hingeben.

Ein bisschen viel verlangt, in der Tat: jeden Gedanken an die Zukunft fallen lassen, desgleichen jeden Gedanken an die Vergangenheit – im Grunde jeden Gedanken überhaupt –, auch jede Zeit-
rechnung und völlig in der Gegenwart leben. Damit wird man
Versenkung erleben!

Nach Jahren der Schulung bat der Schüler seinen Lehrer, ihm Erleuchtung zu geben. Der Meister führte ihn zu einem Bambushain
und sagte: »Betrachte diesen Bambus hier, wie hoch er ist, und
sieh den anderen dort, wie niedrig er ist.«

Und in diesem Augenblick wurde der Schüler erleuchtet.

Der vollkommene Buckel

»Erleuchtet ist«, sagte der Meister, »wer erkennt, dass alles in der
Welt, so wie es ist, vollkommen ist.«

»Wie verhält es sich mit dem Gärtner?«, fragte jemand. »Ist er
auch vollkommen?«

Der Klostergärtner war ein buckliger Mann.

»Für das, was ihm im Leben bestimmt ist«, erwiderte der Meister,
»ist der Gärtner ein vollkommener buckeliger Mann.«

Der Gottesbelästiger

Ein Schüler kam auf seinem Kamel zu dem Zelt seines Sufi-Meis-
ters geritten. Er stieg ab und ging direkt in das Zelt hinein, verneigte sich tief und sagte: »Mein Vertrauen in Gott ist so groß, dass
ich mein Kamel draußen nicht angebunden habe, weil ich überzeugt bin, Gott wird die Interessen derer, die ihn lieben, schützen.«

»Geh und binde dein Kamel an, du Narr«, sagte der Meister. »Man
soll Gott nicht mit Dingen belästigen, die man selbst erledigen
kann.«

Mein vorletztes Hemd für eine Blume

Hemdenschneiders Ausrede

Zur großen Freude der Schüler wünschte sich der Meister ein neues Hemd zum Geburtstag. Der beste Stoff wurde gekauft. Der Dorfschneider kam, um dem Meister Maß zu nehmen und versprach, so Gott wolle, das Hemd innerhalb einer Woche anzufertigen.

Eine Woche verging, und ein Schüler wurde zum Schneider geschickt, während der Meister aufgeregt auf sein Hemd wartete.

Der Schneider sagte: »Es ist eine kleine Verzögerung eingetreten, aber so Gott will, wird es morgen fertig sein.«

Am nächsten Tag sagte der Schneider: »Es tut mir leid, es ist nicht fertig. Versucht es morgen noch einmal, und so Gott will, wird es bestimmt fertig sein.«

Am folgenden Tag sagte der Meister: »Fragt ihn, wie lange es dauern wird, wenn er Gott aus dem Spiel lässt.«

Wer hat schon Recht?

Einem Gast, der sich selbst einen Wahrheitssucher nannte, sagte der Meister: »Wenn du die Wahrheit suchst, musst du vor allem anderen eine Sache besitzen.«

»Ich weiß, ein unbezwingbares Verlangen nach Wahrheit.«

»Nein. Eine nie nachlassende Bereitschaft zuzugeben, dass du Unrecht haben könntest.«

Mein vorletztes Hemd für eine Blume

Die Köchin im Haschee

»Was ist an diesem Menschen originell?«, fragte ein Gast.

»Alles, was er dir gibt, ist ein Haschee von Geschichten, Sprichwörtern und Aussprüchen anderer Meister.«

Eine Schülerin lächelte. Sie hatte einmal eine Köchin, sagte sie, die das wunderbarste Haschee der Welt zubereiten konnte.

»Wie um alles in der Welt bereiteten Sie es zu? Sie müssen mir das Rezept geben.«

Die Köchin strahlte vor Stolz und sagte: »Also, Madam, ich will es Ihnen sagen: das Fleisch ist's nicht, die Zwiebeln sind's nicht, aber wenn ich mich selbst in das Haschee hineingebe – das ist's, was es zu dem macht, was es ist.«

Was verkauft der liebe Gott als Einzelhändler?

Eine Frau träumte, sie beträte einen ganz neuen Laden am Markt, und zu ihrem Erstaunen stand Gott hinter dem Ladentisch.

»Was verkaufst du hier?«, fragte sie.

»Alles, was dein Herz begehrt«, sagte Gott.

Die Frau wagte kaum zu glauben, was sie hörte, beschloss aber, das Beste zu verlangen, was ein Mensch sich nur wünschen konnte.

»Ich möchte Frieden für meine Seele und Liebe und Glück, und weise möchte ich sein und nie mehr Angst haben«, sagte sie. Nach kurzem Nachdenken fügte sie hinzu: »Nicht nur für mich allein, sondern für alle Menschen auf der Erde.«

Gott lächelte: »Ich glaube, du hast mich falsch verstanden, meine Liebe«, sagte er, »wir verkaufen hier keine Früchte, nur die Samen.«

Mein vorletztes Hemd für eine Blume

Reporterlatein

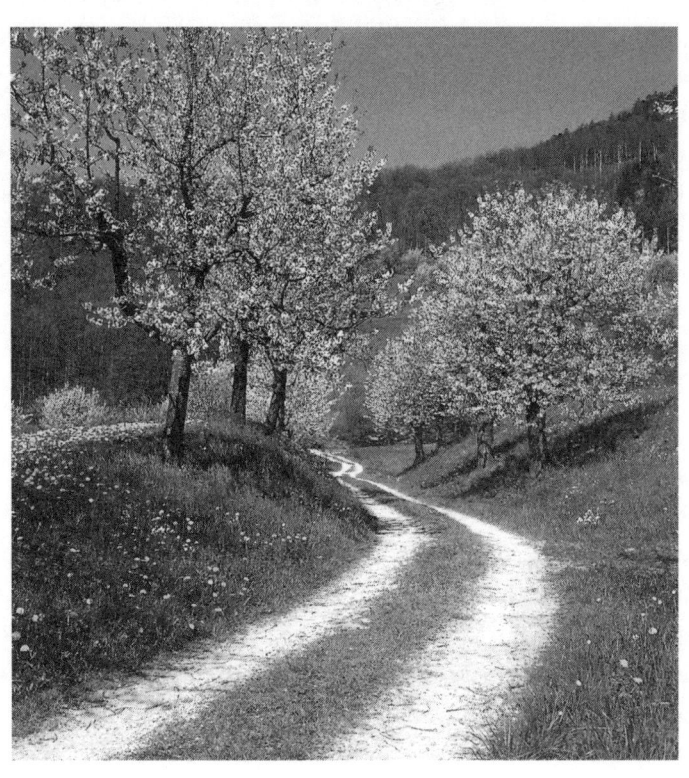

Reporterlatein

In einer kleinen Stadt ereignete sich ein Autounfall. Viele Menschen standen um das Opfer herum, und ein Zeitungsreporter konnte nicht nahe genug herankommen, um zu sehen, um wen es sich handelte.

Da kam ihm ein Gedanke: »Ich bin der Vater des Opfers!«, rief er. »Bitte, lasst mich durch.«

Die Menge machte ihm Platz, so dass er direkt zur Unglücksstelle gelangte. Dort entdeckte er zu seiner Verlegenheit, dass das Opfer ein Esel war.

2. APRIL

Klapp den Koffer zu!

Als der Meister von religiösen Führern sprach, die andere durch ihr äußeres Verhalten und ihre Kleidung zu beeindrucken suchen, erzählte er seinen Schülern diese Geschichte: Ein Betrunkener schwankte nach Hause und kam auf eine schlaue Idee, wie er seiner Frau seinen Zustand verheimlichen könnte: Er wollte sich in sein Arbeitszimmer setzen und ein Buch lesen, denn wer hätte einen Betrunkenen schon einmal ein Buch lesen gesehen?

Als seine Frau kam und wissen wollte, was er dort in der Ecke seines Arbeitszimmers tue, antwortete er vergnügt: »Lesen, meine Liebe.«

»Du bist betrunken«, sagte seine Frau. »Klapp den Koffer zu, und komm runter zum Essen!«

3. APRIL
Warum der Schäfer jedes Wetter liebt

Ein Wanderer: »Wie wird das Wetter heute?« Der Schäfer: »So, wie ich es gerne habe.«

»Woher wisst Ihr, dass das Wetter so sein wird, wie Ihr es liebt?«

»Ich habe die Erfahrung gemacht, mein Freund, dass ich nicht immer das bekommen kann, was ich gerne möchte. Also habe ich gelernt, immer das zu mögen, was ich bekomme. Deshalb bin ich ganz sicher: Das Wetter wird heute so sein, wie ich es mag.«

4. APRIL
Der Kuss auf dem Amboss

Jeremias liebte eine sehr große Frau. Jeden Abend begleitet er sie von der Arbeit nach Hause, und jeden Abend hätte er sie gerne geküsst, war aber zu schüchtern, sie zu fragen.

Eines Abends nahm er seinen Mut zusammen. »Darf ich dich küssen?« Sie war einverstanden.

Aber Jeremias war außergewöhnlich klein, so schauten sie sich nach etwas um, auf das er sich stellen konnte. Sie fanden eine verlassene Schmiede mit einem Amboss, der Jeremias gerade die richtige Größe verschaffte.

Sie setzten ihren Weg fort. Nach ungefähr einer Meile sagte Jeremias: »Könnte ich vielleicht noch einen Kuss haben, Liebling?«

»Nein«, sagte die Frau, »einen habe ich dir schon gegeben, das reicht für heute Abend.«

Jeremias sagte: »Warum hast du mich dann diesen verdammten Amboss mitschleppen lassen?«

Reporterlatein

Auf großer Reise hinterm Haus

Jemand fragte den Meister nach dem Sinn eines Satzes, den er gehört hatte: »Der erleuchtete Mensch reist, ohne sich fortzubewegen.«

Sagte der Meister: »Setz dich jeden Tag an dein Fenster und beobachte, wie die Szene im Garten hinter deinem Haus ständig wechselt, während die Erde dich auf ihrer Jahresreise rund um die Sonne trägt.«

Der Mond ist nicht für alle da

Der Zen-Meister Ryokan lebte sehr bescheiden in einer kleinen Hütte am Fuße der Berge. Eines Nachts, als der Meister fort war, brach ein Dieb in die Hütte ein, nur um festzustellen, dass nichts zu stehlen war.

Ryokan kam zurück und erwischte ihn. »Du hast dir viel Mühe gemacht, mich zu besuchen«, sagte er zu dem Einbrecher. »Du sollst nicht mit leeren Händen davongehen. Bitte nimm meine Kleider und die Decke als Geschenk.«

Der Dieb nahm höchst verwirrt die Kleider und trollte sich. Ryokan setzte sich hin, nackt wie er war, und beobachtete den Mond. »Armer Kerl«, dachte er bei sich, »ich wünschte, ich könnte ihm den wunderbaren Mondschein geben.«

Reporterlatein

Wie's kommt

Der Meister betete, als seine Schüler zu ihm kamen und sagten: »Herr, lehre uns beten.« Und so lehrte er sie …

Zwei Männer gingen eines Tages über ein Feld, als sie einen wütenden Bullen sahen. Auf der Stelle stürzten sie zum nächsten Zaun, der Bulle ihnen auf den Fersen. Bald wurde ihnen klar, dass sie es nicht schaffen würden, und einer schrie dem anderen zu: »Es ist aus! Nichts kann uns retten. Sag ein Gebet. Schnell!«

Da schrie der andere zurück: »Ich habe nie in meinem Leben gebetet und kenne kein Gebet für diese Gelegenheit.«

»Ganz egal! Der Bulle hat uns gleich eingeholt. Jedes Gebet ist recht.«

»Dann will ich das einzige Gebet beten, an das ich mich erinnere und das mein Vater vor dem Essen betete: ›Herr, mach uns wahrhaft dankbar für das, was du uns gegeben hast.‹«

Weder reden noch schweigen

Ein Mönch sagte einmal zu Fuketsu: »Ich hörte Euch einst Erstaunliches sagen, und zwar, dass Wahrheit mitgeteilt werden könne, ohne drüber zu reden, aber auch ohne zu schweigen. Könnt Ihr mir das bitte erklären?«

Fuketsu antwortete: »Als ich ein kleiner Junge in Südchina war, wie sangen da im Frühling die Vögel in den blühenden Bäumen!«

Reporterlatein

Junge Frau im Stress

Eine aktive junge Frau fühlte sich gestresst und überanstrengt. Der Arzt verschrieb ihr Tranquilizer und sagte, sie solle nach einigen Wochen wiederkommen.

Als sie das nächste Mal kam, fragte er sie, ob sie sich besser fühle. Sie sagte: »Nein, aber ich habe festgestellt, dass die anderen Leute viel entspannter zu sein scheinen.«

Mann verblüfft Frau

Als Frau Webster ihren Mann dabei ertappte, wie er das Dienstmädchen küsste, sagte sie ihm, sie sei sehr überrascht. Aber Herr Webster war ein bisschen pingelig, was den korrekten Gebrauch der Sprache betraf (verständlicherweise, schrieb er doch gerade an seinem berühmten Wörterbuch), und so erklärte er ihr: »Nein, meine Liebe, ich bin überrascht. Du bist verblüfft!«

Schuh und Schuh ist zweierlei

Ein Mann stieg in den Bus und kam neben einem jungen Mann zu sitzen, der offensichtlich ein Hippie war. Er hatte nur einen Schuh an.

»Du hast wohl einen Schuh verloren, mein Junge?«
»Nein«, lautete die Antwort, »ich habe einen gefunden.«

Reporterlatein

Wer den Adler im Ei erkennt

Ein Schriftsteller kam ins Kloster, um ein Buch über den Meister zu schreiben.

»Die Leute sagen, Ihr seid ein Genie. Stimmt das?«, fragte er.

»Das könnte man wohl sagen«, antwortete der Meister nicht gerade bescheiden.

»Und was macht einen zum Genie?«

»Die Fähigkeit zu erkennen.«

»Was erkennen?«

»Den Schmetterling in einer Raupe, den Adler in einem Ei, den Heiligen in einem selbstsüchtigen Menschenwesen.«

Die Katze des Gurus

Jeden Abend, wenn der Guru sich zur Andacht niederließ, pflegte die Ashram-Katze herumzustreunen und die Beter abzulenken. Also ließ er die Katze während des Abendgottesdienstes anbinden. Lange nach dem Tode des Gurus wurde die Katze stets während des Abendgottesdienstes angebunden. Und als die Katze schließlich starb, wurde eine andere Katze in den Ashram gebracht, so dass man sie ordnungsgemäß während des Abendgottesdienstes anbinden konnte.

Jahrhunderte später schrieben die Schüler des Gurus gelehrte Abhandlungen darüber, welche wichtige Rolle eine Katze in jedem ordentlich gestalteten Gottesdienst spielte.

Reporterlatein

Spinnweben im Kopf

Es war einmal ein alter arabischer Richter, dessen Weisheit gerühmt wurde. Eines Tages kam ein Geschäftsmann zu ihm und klagte, dass aus seinem Laden Waren gestohlen würden, er aber des Diebes nie habhaft werden könnte. Der Richter ordnete an, die Ladentür aus den Angeln zu heben, auf den Markplatz zu bringen und ihr dort fünfzig Peitschenhiebe zu verabreichen, weil sie ihrer Pflicht nicht nachgekommen war, den Dieb aus dem Laden fernzuhalten.

Eine große Menschenmenge versammelte sich, um zuzusehen, wie dieser seltsame Urteilsspruch ausgeführt wurde. Als die Hiebe ausgeteilt worden waren, beugte sich der Richter zu der Tür hinunter und fragte, wer der Dieb sei. Er legte sein Ohr an die Tür, um besser hören zu können, was sie zu sagen hatte.

Als er sich aufrichtete, verkündete er: »Die Tür erklärt, die Diebereien seien von einem Mann begangen worden, der auf seinem Turban eine Spinnwebe hat.«

In dem Augenblick hob ein Mann aus der Menge die Hand und fasste an seinen Turban. Sein Haus wurde durchsucht und die gestohlenen Waren gefunden.

~

Es bedarf nur eines schmeichelnden oder kritischen Wortes, um das Wahre Ich aufzudecken.

Lieber Gott auf der Straße

Es war einmal eine gläubige und fromme Frau, die Gott liebte. Jeden Morgen ging sie in die Kirche. Unterwegs riefen ihr die Kinder zu. Bettler sprachen sie an, aber sie war so in sich versunken, dass sie nichts wahrnahm.

Eines Tages ging sie wie immer die Straße hinab und erreichte gerade rechtzeitig zum Gottesdienst die Kirche. Sie drückte an der Tür, doch sie ließ sich nicht öffnen. Sie versuchte es heftiger und fand die Tür verschlossen.

Der Gedanke, dass sie zum ersten Mal in all den Jahren den Gottesdienst versäumen würde, bedrückte sie. Ratlos blickte sie auf und sah genau vor ihrem Gesicht einen Zettel an der Tür.

Darauf stand: »Ich bin hier draußen!«

Von einem Heiligen wurde erzählt, dass er jedes Mal, wenn er fortging, um seinen religiösen Pflichten nachzukommen, zu sagen pflegte: »Und nun, Herr, auf Wiedersehen! Ich gehe in die Kirche.«

~

Ein allgemein bekannter Sünder wurde exkommuniziert. Man verbot ihm, die Kirche zu betreten.

Er klagte Gott sein Leid. »Sie wollen mich nicht hineinlassen, Herr, weil ich ein Sünder bin.«

»Warum jammerst du«, sagte Gott. »Mich lassen sie auch nicht hinein.«

Reporterlatein

Eine Variante des Teufels

Eines Tages machte der Teufel mit seinem Freund einen Spaziergang. Sie sahen, wie sich vor ihnen ein Mann bückte und etwas aufhob.

»Was hat dieser Mann gefunden?«, fragte der Freund.

»Ein Stück Wahrheit«, sagte der Teufel.

»Beunruhigt dich das nicht?«, fragte der Freund.

»Nein, durchaus nicht«, sagte der Teufel, »ich werde ihm gestatten, ein religiöses Glaubensbekenntnis daraus zu machen.«

~

Ein religiöses Bekenntnis ist ein Wegweiser, der den Weg zur Wahrheit zeigt. Menschen, die sich krampfhaft an den Wegweiser halten, werden daran gehindert, auf die Wahrheit zuzugehen, weil sie irrtümlicherweise glauben, sie schon zu besitzen.

Die täglichen Gebete des Astronauten

Der Meister erzählte von dem Astronauten, der von einer Weltraumfahrt mit fünfhundert Erdumkreisungen zurückgekehrt war. Als man ihn fragte, wie er sich fühle, sagte er: »Völlig erschöpft! Stellen Sie sich vor, wie oft ich das Morgen-, Mittags-, Abend- und Nachtgebet sprechen musste, das meine Religion vorschreibt.«

Reporterlatein

Der Schlüssel des Geliebten

Eine Geschichte von Attar aus Neishapur. Der Verehrer klopfte an die Tür seiner Liebsten.

»Wer klopft?« fragte die Liebste von drinnen.

»Ich bin's«, sagte der Liebhaber.

»Dann geh weg. Dieses Haus hat keinen Platz für dich und mich.« Der abgewiesene Verehrer ging in die Wüste.

Dort meditierte er monatelang über den Worten der Geliebten. Schließlich kehrte er zurück und klopfte wieder an die Tür.

»Wer klopft?«

»Du bist es.«

Und sofort wurde aufgetan.

Eine Krähe im Himmel

Eine Geschichte der Bhagawata Purana: Eine Krähe erhob sich einst in den Himmel mit einem Stück Fleisch im Schnabel. Zwanzig Krähen flogen auf, sie zu verfolgen, und griffen sie erbittert an. Schließlich ließ die Krähe das Stück Fleisch fallen. Darauf ließen die Verfolger von ihr ab und flogen kreischend dem Stück Fleisch nach.

Sagte die Krähe: »Jetzt ist es friedlich hier oben. Der ganze Himmel gehört mir.«

Sagte ein Zen-Mönch: »Als mein Haus abbrannte, behinderte nichts meine Sicht auf den nächtlichen Mond.«

Reporterlatein

Leeres Loch sehr wertvoll

Ein Geizhals versteckte sein Gold unter einem Baum in seinem Garten. Jede Woche grub er es aus und betrachtete es stundenlang. Eines Tages fand ein Dieb das Gold und verschwand damit. Als der Geizhals das nächste Mal seinen Schatz betrachten wollte, fand er nur noch ein leeres Loch.

Der Mann begann vor Kummer laut zu heulen, so dass seine Nachbarn zusammenliefen und sehen wollten, was los war. Als sie erfuhren was passiert war, fragte einer von ihnen: »Hast du das Gold zu etwas gebraucht?«

»Nein«, sagte der Geizhals, »ich habe es nur jede Woche angesehen.«

»In diesem Fall«, sagte der Nachbar, »wenn du das Gold nicht direkt gebraucht hast, dann kannst du genauso gut jede Woche herkommen und das Loch betrachten.«

Das 11. Gebot

Der Priester gab bekannt, dass Jesus Christus selbst am nächsten Sonntag in die Kirche kommen würde. Die Gemeinde kam in großer Zahl, um ihn zu sehen. Jedermann erwartete, dass er predigen würde. Jeder bot ihm Gastfreundschaft für die Nacht an, besonders der Priester, aber er lehnte höflich ab. Er sagte, er wolle die Nacht in der Kirche verbringen.

Am nächsten Morgen schlich er sich früh davon, noch ehe die Kirchentore geöffnet wurden. Und zu ihrem Entsetzen entdeckten die Priester und die Gläubigen, dass ihre Kirche mutwillig beschädigt worden war. Überall an den Wänden stand geschrieben: *Gebt*

Reporterlatein

Acht! Kein Teil der Kirche war verschont geblieben, Türen und Fenster, die Säulen, die Kanzel, der Altar, nicht einmal die Bibel auf dem Pult. *Gebt Acht!* In großen oder kleinen Buchstaben war es eingekratzt mit Bleistift, Feder, in jeder nur denkbaren Farbe hingemalt. Wohin das Auge blickte, sah man die Worte: *Gebt Acht, gebt Acht, gebt Acht, gebt Acht!*

Erschreckend, aufreizend, verwirrend, faszinierend, furchterregend. Worauf sollten sie Acht geben? Das stand nicht da. Es hieß nur: *Gebt Acht!* In einer ersten Regung wollten die Leute jede Spur dieser Schmiererei, dieses Sakrileges wegwischen. Nur der Gedanke, dass Jesus selbst es getan hatte, hielt sie davon ab.

Nun begann dieses geheimnisvolle Wort ›Acht geben‹ in das Innere der Menschen einzusinken, wenn sie die Kirche betraten. Sie begannen, auf die Heilige Schrift achtzugeben, so dass sie davon profitieren konnten, ohne frömmlerisch zu werden. Sie begannen, auf die Sakramente zu achten, so dass sie geheiligt wurden, ohne abergläubisch zu werden. Der Priester begann sich seiner Macht über die Menschen bewusst zu werden, ohne sie beherrschen zu wollen. Und jedermann begann auf die Religion zu achten, denn wer nicht aufpasst, kann leicht selbstgerecht werden. Sie begannen, auf die Kirchengesetze zu achten, so dass sie gesetzestreu wurden und doch barmherzig gegenüber den Schwachen blieben. Sie begannen, auf das Gebet achtzugeben und sich nicht abhalten zu lassen, selbständig zu werden. Sie begannen sogar, sich ihrer Vorstellungen von Gott bewusst zu werden, so dass sie ihn auch außerhalb der engen Grenzen ihrer Kirche erkennen konnten.

Nun haben sie das aufrüttelnde Wort über den Eingang ihrer Kirche geschrieben, und wenn man in der Nacht vorbeifährt, kann man es in mehrfarbigem Neonlicht über der Kirche leuchten sehen.

Reporterlatein

Der Segen der Augenlider

Nachdem sich einer seiner Schüler eines ernsten Vergehens schuldig gemacht hatte, erwarteten alle, dass der Meister ihn exemplarisch bestrafen würde.

Als ein voller Monat vorübergegangen war, ohne dass er etwas getan hatte, machte man dem Meister Vorwürfe: »Wir können nicht übersehen, was passiert ist. Schließlich hat uns Gott Augen gegeben.«

»Ja«, erwiderte der Meister, »und Augenlider.«

Tee für den Bischof

Einem Hindu-Weisen wurde das Leben Jesu vorgelesen. Als er erfuhr, wie Jesus von seinem Volk in Nazaret abgelehnt wurde, rief er: »Ein Rabbi, dessen Gemeinde ihn nicht aus der Stadt jagen will, ist kein Rabbi.«

Und als er erfuhr, dass es Priester waren, die Jesus zum Tode verurteilten, sagte er seufzend: »Es ist schwierig für Satan, die ganze Welt irre zu führen, also beauftragt er damit prominente Geistliche überall in der Welt.«

Die Klage eines Bischofs: »Überall, wohin Jesus kam, gab es Revolution; überall wohin ich komme, bietet man mir Tee an.«

Reporterlatein

Jesus beim Fußball

Jesus Christus sagte, er sei noch nie bei einem Fußballmatch gewesen. Also nahmen meine Freunde und ich ihn zu einem Spiel mit.

Es war eine wilde Schlacht zwischen den protestantischen Boxern und den katholischen Kreuzfahrern.

Die Kreuzritter erzielten das erste Tor. Jesus schrie laut Beifall und warf seinen Hut in die Luft. Dann waren die Boxer vorne. Und Jesus spendete wild Beifall und warf seinen Hut in die Luft.

Das schien den Mann hinter uns zu verwirren. Er klopfte Jesus auf die Schulter und fragte: »Für welche Partei brüllen Sie, guter Mann?«

»Ich«, erwiderte Jesus, den mittlerweile das Spiel sichtlich aufregte, »oh, ich schreie für keine Partei. Ich bin bloß hier, um das Spiel zu genießen.«

Der Frager wandte sich seinem Nachbarn zu und feixte: »Hm, ein Atheist!«

Auf dem Rückweg klärten wir Jesus über die Lage der Religionen in der heutigen Welt auf. »Fromme Leute sind ein komisches Volk, Herr«, sagten wir, »sie scheinen immer zu denken, Gott sei auf ihrer Seite und gegen die Leute von der anderen Partei.«

Jesus stimmte zu. »Deswegen setze ich nie auf Religionen, ich setze auf Menschen«, sagte er. »Menschen sind wichtiger als Religionen. Der Mensch ist wichtiger als der Sabbat.«

»Du solltest deine Worte wägen«, sagte einer von uns etwas besorgt.

»Du bist schon einmal wegen einer solchen Sache gekreuzigt worden.«

»Ja – und von religiösen Leuten«, sagte Jesus mit gequältem Lächeln.

Reporterlatein

Knoten in Gottes Schnur

Eine der beunruhigenden und wunderbaren Lehren des Meisters lautete: Gott ist Sündern näher als Heiligen.

Und so erklärt er es: Gott im Himmel hält jeden Menschen an einer Schnur. Wenn man sündigt, zerschneidet man die Schnur. Dann knüpft Gott sie mit einem Knoten wieder zusammen und zieht einen dadurch etwas näher an sich heran. Immer wieder schneiden deine Sünden die Schnur durch und mit jedem weiteren Knoten zieht dich Gott näher und näher.

Hier sitze ich und kann nicht anders

Das auszusprechen, was man für Wahrheit hält, erfordert viel Mut, wenn man zu einer Institution gehört.

Die Institution selbst in Frage zu stellen, fordert noch mehr Mut. Das tat Jesus.

Als Chruschtschow in seiner berühmten Rede die Stalin-Ära brandmarkte, soll jemand in der Kongresshalle gesagt haben: »Wo waren Sie, Genosse Chruschtschow, als alle diese unschuldigen Menschen hingeschlachtet wurden?«

Chruschtschow hielt inne, blickte sich in der Halle um und sagte: »Würde derjenige bitte aufstehen, der das gesagt hat!«

In der Halle wuchs die Spannung. Niemand stand auf.

Dann sagte Chruschtschow: »Nun, das ist die Antwort, wer Sie auch immer sein mögen. Ich war damals in genau der gleichen Lage wie Sie jetzt.«

Jesus wäre aufgestanden.

Reporterlatein

Wer nicht lesen kann, muss selber denken

Mit Hilfe einer Gebrauchsanweisung versuchte eine Frau stundenlang, ein kompliziertes Gerät, das sie gekauft hatte, zusammenzusetzen. Schließlich gab sie auf und ließ die einzelnen Teile verstreut auf dem Küchentisch liegen.

Als sie einige Stunden später nach Hause kam, stellte sie erstaunt fest, dass das Hausmädchen die Maschine zusammengebaut hatte. Die Maschine funktionierte perfekt.

»Wie haben Sie das nur fertiggebracht?«, rief sie erstaunt.

»Ach, gnädige Frau, wenn man nicht lesen kann, muss man eben seinen Verstand gebrauchen«, war die gelassene Antwort.

Ein Fachmann hält die Luft an

Ein hoher Lastwagen fuhr durch eine Eisenbahnunterführung, blieb aber zwischen den Brückenträgern und der Straße stecken. Alle Bemühungen von Fachleuten, ihn wieder frei zu bekommen, erwiesen sich als nutzlos, und der Verkehr staute sich kilometerlang auf beiden Seiten der Unterführung.

Ein kleiner Junge versuchte immer wieder, die Aufmerksamkeit des Vorarbeiters auf sich zu lenken, wurde aber stets weggestoßen. Schließlich sagte der Mann in schierer Verzweiflung: »Du bist wohl hergekommen, um uns zu sagen, wie wir die Sache anpacken sollen!«

»Ja«, sagte der Junge, »ich würde vorschlagen, etwas Luft aus den Reifen zu lassen.«

Reporterlatein

Liebe statt Petroleum

Ein Wissenschaftler hatte zehn Jahre lang die Möglichkeit erforscht, Wasser in Petroleum zu verwandeln. Er war überzeugt, dass ihm nur eine Substanz fehlte, um die Umwandlung durchführen zu können, aber so sehr er auch suchte, die Formel fand er nicht.

Eines Tages erfuhr er, dass in den Bergen von Tibet ein allwissender Lama lebte, der ihm die gesuchte Formel offenbaren könnte.

Es gab jedoch drei Vorbedingungen: Er musste allein reisen, und die Reise war gefährlich; er musste zu Fuß reisen, und die Reise war beschwerlich; und wenn er je bis zu dem Lama vordrang, durfte er nur eine einzige Frage stellen.

Er benötigte viele entbehrungsreiche und gefährliche Monate, um die ersten beiden Bedingungen zu erfüllen. Und als er schließlich vor den Lama geführt wurde, stelle man sich sein Erschrecken vor, als er keinen verhutzelten alten Mann vor sich sah, den er erwartet hatte, sondern eine attraktive junge Frau, schöner, als er sie sich je hätte vorstellen können.

Sie lächelte ihn liebevoll an und sagte mit einer in seinen Ohren himmlisch klingenden Stimme: »Herzlichen Glückwunsch, Reisender! Ihr habt den Weg zu unserer Bergfeste gefunden. Wie lautet nun Eure Frage?«

Zu seinem eigenen großen Erstaunen hörte sich der Forscher sagen: »Madame, darf ich fragen, ob Sie verheiratet sind?«

Reporterlatein

Schneckenweisheit

Als der Meister gefragt wurde, ob es ihn denn nicht entmutige, dass all seine Mühe anscheinend kaum Früchte trage, erzählte er die Geschichte von einer Schnecke, die an einem kalten, stürmischen Tag im späten Frühjahr aufbrach, um den Stamm eines Kirschbaums emporzuklettern. Die Spatzen auf dem Nachbarbaum lachten über ihr Unterfangen. Da flog ein Spatz auf die Schnecke zu und piepste sie an: »He, du Dummkopf, siehst du nicht, dass auf dem Baum keine Kirschen sind?«

Der Winzling ließ sich nicht aufhalten und sagte: »Macht nichts, bis ich oben bin, sind welche dran.«

Reporterlatein

MAI

Hast Du je die Vögel singen hören?

Hast Du je die Vögel singen hören?

Der Schüler beklagte sich ständig gegenüber seinem Zen-Meister: »Ihr verbergt das letzte Geheimnis des Zen vor mir.« Und er wollte es nicht glauben, als der Meister verneinte. Eines Tages machte der Meister mit ihm einen Spaziergang in der hügeligen Landschaft. Unterwegs hörten sie einen Vogel singen. »Hast du den Vogel singen hören?«, fragte der Meister. »Ja«, sagte der Schüler.
»Also, nun weißt du, dass ich nichts vor dir verborgen habe.«
»Ja«, sagte der Schüler.
Wenn du wirklich einen Vogel singen hörtest, wenn du wirklich einen Baum sähest – wüsstest du – jenseits aller Worte und Begriffe.
Du sagst, du hättest Dutzende von Vögeln singen hören und Hunderte von Bäumen gesehen? Nun, sahst du den Baum oder den Begriff? Wenn du einen Baum betrachtest und einen Baum siehst, hast du in Wirklichkeit nicht den Baum gesehen. Wenn du einen Baum betrachtest und ein Wunder siehst, dann hast du endlich einen Baum gesehen!

Vögel brauchen keine Referenzen

Der Meister ließ sich nie von Diplomen und Examen beeindrucken. Er prüfte den Menschen, nicht das Zeugnis.
Man hörte ihn einmal sagen: »Wenn ihr Ohren habt, einen Vogel singen zu hören, braucht ihr seine Referenzen nicht anzusehen.«

Zu wenig Rouge

Als der Meister jemanden sagen hörte: »Ich hätte meine Frau viel lieber, wenn sie ein anderer Typ von Frau wäre«, erinnerte er sich, wie er einmal einen Sonnenuntergang auf dem Meer bewundert hatte.

»Ist das nicht schön?«, sagte er zu einer für ihr Nörgeln auf dem Schiff bekannten Dame, die neben ihm an der Reling stand.

»Ja«, sagte die Frau widerstrebend. »Aber glauben Sie nicht, dass links noch etwas mehr Rosa fehlt?«

Sagte der Meister: »Jeder sieht schöner aus, wenn man die eigenen voreingenommenen Erwartungen an sein Aussehen ablegt.«

Onkel Georgs Verwandte

Ein Ehepaar kehrte von der Beerdigung Onkel Georgs zurück. Er hatte zwanzig Jahre bei ihnen gelebt und war eine solche Nervensäge gewesen, dass er beinahe ihre Ehe ruiniert hätte.

»Ich muss dir etwas sagen, mein Schatz«, sagte der Mann. »Wenn nicht meine Liebe zu dir gewesen wäre, hätte ich mich nicht einen einzigen Tag mit deinem Onkel Georg abgefunden.«

»Mein Onkel Georg?«, rief sie entsetzt. »Ich dachte, es wäre dein Onkel Georg!«

Hast Du je die Vögel singen hören?

Golf für Angeber

Als ein Tourist in Japan einen Golfplatz besuchte, fiel ihm auf, dass fast alle guten Caddies Frauen waren.

Eines Tages kam er zu spät auf den Platz und musste einen zehnjährigen Jungen als Caddie nehmen. Es war ein winziger Bursche, der wenig Ahnung vom Platz und vom Spiel hatte und nur drei Worte Englisch sprach.

Dank dieser drei Worte jedoch behielt ihn der Tourist für den Rest seines Aufenthaltes als Caddie. Nach jedem Schlag, wie immer der auch ausgegangen war, stampfte das Bürschlein mit dem Fuß auf und rief voller Begeisterung: »Verdammt guter Schlag!«

Bis an die Grenze gegangen

Eine religiös eingestellte Frau beklagte das Verhalten der jungen Generation. »Die Autos sind daran schuld. Denken Sie nur, wie weit die jungen Leute heute zum Tanz oder zu einer Verabredung gehen können. Zu unserer Zeit war das anders, nicht wahr, Großmutter?«

Siebenundachtzigjährige Dame: »Ach, wir gingen sicherlich so weit, wie wir konnten.«

Hast Du je die Vögel singen hören?

Mutter Tausendschön

Eine Frau fühlte sich tief verletzt durch das Benehmen ihres fünfzehn Jahre alten Sohnes. Immer wenn sie zusammen ausgingen, lief er vor ihr her. Schämte er sich ihrer? Eines Tages sprach sie ihn darauf an.

»Aber nein, Mama, bestimmt nicht«, lautete seine verlegene Antwort. »Du siehst jedoch so jung aus, dass ich fürchte, meine Freunde könnten denken, ich hätte eine neue Freundin.«

Ihr Kummer war verflogen wie durch Zauberhand.

Der alte Mann und die Frauen

Ein Reporter sollte vom Mann auf der Straße erkunden, was er von der modernen Frau hält. Die erste Person, die er traf, war ein Mann, der gerade seinen 103. Geburtstag gefeiert hatte.

»Ich fürchte, ich kann Ihnen nicht weiterhelfen«, sagte der alte Mann bedauernd. »Vor ungefähr zwei Jahren habe ich aufgegeben, über Frauen nachzudenken.«

Hast Du je die Vögel singen hören?

9. MAI

Weiß nichts von morgen

Der Meister sprach gern darüber, wie Natur und Heiligkeit ineinander verwoben sind.

Er saß einmal im Garten, als er ausrief: »Sieh nur diesen fröhlichen blauen Vogel dort auf dem Ast, wie er hin und her hüpft, sein Lied in die Welt schmettert und sich uneingeschränkter Freude überlässt, weil er nichts von morgen weiß!«

10. MAI

Die Schöne und der Fensterputzer

Der Meister erzählte gern diese Geschichte, um zu zeigen, mit welchen Augen Leute auf andere Leute schauen:

In den ersten Jahren nach seiner Heirat wohnte der Meister in einem Appartement, das im 20. Stock eines Hochhauses lag. Seine junge Frau stand einmal unter der Dusche und wollte gerade nach dem Handtuch greifen, als sich ihr Blick mit dem eines Fensterputzers draußen vor ihrem Fenster traf. Wie angewurzelt stand sie eine Weile da, vor Verblüffung nicht imstande, sich zu bewegen.

Der junge Mann unterbrach die Arbeit: »Was ist los, junge Frau?«, sagte er. »Haben Sie noch niemals einen Fensterputzer gesehen?«

Hast Du je die Vögel singen hören?

Ganz neben dir

Monatelang bewarb sich ein Freier erfolglos um ein Mädchen und litt schreckliche Qualen, dass er abgewiesen wurde. Schließlich gab die Liebste nach. »Komm dann und dann dort und dorthin«, sagte sie zu ihm.

Endlich saß also der Freier zur festgesetzten Zeit am festgesetzten Ort neben seiner Liebsten. Er griff in die Tasche und zog ein Bündel Liebesbriefe heraus, die er ihr in den letzten Monaten geschrieben hatte. Es waren leidenschaftliche Briefe, die von seinem Schmerz sprachen und von dem brennenden Wunsch, die Wonnen der Liebe und Vereinigung zu kosten. Er begann sie seiner Liebsten vorzulesen. Stunden vergingen, und er las immer weiter.

Schließlich sagte die Frau: »Was bist du doch für ein Narr! Diese Briefe handeln alle von mir und deiner Sehnsucht nach mir. Nun sitze ich doch hier neben dir, und du liest weiter deine dummen Briefe vor.«

~

»Hier sitze ich neben dir«, sagte Gott zu seinem eifrigen Anhänger, »und du zerbrichst dir den Kopf weiter über mich, bemühst deine Zunge, um über mich zu reden, und Bücher, um über mich zu lesen. Wann wirst du endlich still und spürst mich?«

Hast Du je die Vögel singen hören?

Schmetterlingslehre

»Das Glück ist ein Schmetterling«, sagte der Meister. »Jag ihm nach, und er entwischt dir. Setz dich hin, und er lässt sich auf deiner Schulter nieder.«

»Was soll ich also tun, um das Glück zu erlangen?«

»Hör auf, hinter ihm her zu sein.«

»Aber gibt es nichts, was ich tun kann?«

»Du könntest versuchen, dich ruhig hinzusetzen, wenn du es wagst.«

Liebe fast ohne Worte

Ein Bauernjunge war so schweigsam, dass seine Freundin nach fünf Jahren überzeugt war, er würde ihr nie einen Antrag machen, wenn sie nicht die Initiative ergreife.

Einmal saßen sie allein im Garten, und sie fasste sich ein Herz: »John, lass uns heiraten. Sollen wir heiraten, John?«

Lange Pause. Schließlich sagte John: »Ja.«

Wieder Pause. Schließlich sagte das Mädchen: »Sag etwas, John. Warum sagst du nichts?«

»Ich fürchte, ich habe schon zu viel gesagt.«

Hast Du je die Vögel singen hören?

Diverse Gefühle

»Ich habe gehört, du hast deine Verlobung mit Tom gelöst. Was ist passiert?«

»Meine Gefühle ihm gegenüber haben sich verändert. Das ist es.«

»Willst du ihm nicht seinen Verlobungsring zurückgeben?«

»Aber nein! Meine Gefühle gegenüber dem Ring haben sich nicht verändert.«

Es gibt nur wenige Beziehungen, in der ein Partner nicht versucht, etwas beim anderen herauszuholen.

~

Eine junge Frau rief ein Papiergeschäft an. »Erinnern Sie sich an die Vermählungsanzeigen, die ich letzte Woche bestellt habe? Ich wollte Sie fragen, ob man noch einige Änderungen vornehmen kann.«

»Sagen Sie mir, was zu ändern ist, und ich werde sehen, ob es geht«, sagte der Ladenbesitzer.

»O.K. Es ist ein anderes Datum, eine andere Kirche und ein anderer Mann.«

~

Es ist ganz unmöglich, glücklich verheiratet zu sein, wenn man sich nicht zuerst von sich selbst scheiden lässt.

Hast Du je die Vögel singen hören?

Un-erhört

Hier ist eine Lieblingsgeschichte des Sufimeisters Sa'di aus Schiraz:
Einer meiner Freunde war hocherfreut, dass seine Frau schwanger
war. Er wünschte sich glühend einen männlichen Spross. Und er
betete unaufhörlich zu Gott und machte entsprechende Gelübde.
Es geschah, dass seine Frau einen Sohn gebar. Mein Freund war
glücklich und lud das ganze Dorf ein, um Dank zu sagen.
Jahre später, auf dem Rückweg aus Mekka, kam ich durch das Dorf
meines Freundes. Man sagte mir, er sei im Gefängnis.
»Warum? Was hat er getan?«, fragte ich.
Seine Nachbarn sagten: »Sein Sohn tötete im Rausch einen Mann
und lief davon. Also wurde der Vater festgenommen und ins Gefängnis geworfen.«

~

Gott beharrlich um etwas zu bitten, das wir haben möchten, ist in
der Tat eine lebenswerte Übung. Es kann freilich auch sehr gefährlich sein.

Hast Du je die Vögel singen hören?

Schöner Tag ein schlechter Tag

Der Meister behauptete, dass der Hauptgrund für vieles Unglück in der Welt auf die geheime Befriedigung der Menschen zurückzuführen ist, sich schlecht zu fühlen.

Er erzählte von einem Freund, der zu seiner Frau sagte: »Warum lässt du nicht alles stehen und liegen und machst dir einen schönen Tag, meine Liebe?«

»Ach, du weißt doch genau, mein Lieber, dass ich mich niemals dabei wohl fühlen würde, mir einfach einen schönen Tag zu machen«, gab sie gereizt zur Antwort.

Wenn der Schnurrbart brennt

Wenn der Neurotiker bei dir Hilfe sucht, will er nur selten geheilt werden, denn jede Heilung tut weh. In Wirklichkeit will er in seiner Neurose bestätigt werden. Am liebsten aber hätte er ein Wunder, das ihn schmerzlos heilte.

Der alte Mann liebte seine Pfeife nach dem Essen. Eines Abends roch seine Frau Brandgeruch und rief: »Um Himmels willen, Pa! Du hast deinen Schnurrbart angezündet.«

»Ich weiß«, antwortete der Mann böse, »siehst du nicht, dass ich um Regen bete?«

Hast Du je die Vögel singen hören?

Leben ist wie Musik

Trotz traditioneller Anschauungen hielt der Meister nur wenig von
Vorschriften und Überlieferungen.

Ein Schüler geriet eines Tages in Streit mit seiner Tochter, weil der
Mann darauf bestand, das Mädchen solle den künftigen Ehemann
nach den Geboten der Religion aussuchen.

Der Meister ergriff offen Partei für das Mädchen.

Als der Schüler seinem Erstaunen Ausdruck gab, dass ein heiliger
Mann solches tue, sagte der Meister: »Du musst begreifen, Leben
ist wie Musik, und die entsteht mehr aus Gefühl und Intuition als
nach Regeln.«

Die Wahrheit auf der Waage

»Was ist das größte Hindernis für die Wahrheit?«

»Die Abneigung, den Tatsachen ins Auge zu sehen«, sagte der
Meister.

Zur Illustration dessen erzählte er von der übergewichtigen Frau,
die von der Waage herunterstieg und sagte: »Nach dieser Ge-
wichtstabelle hier sollte ich etwa fünfzehn Zentimeter größer
sein.«

Danach erzählte der Meister von einer anderen Frau, die sich endlich dazu durchgerungen hatte, etwas wegen ihres Übergewichtes
zu unternehmen: Sie stieg auf keine Waage mehr!

Hast Du je die Vögel singen hören?

Skandalgeschichte

Man sah den Ortspfarrer öfters im Gespräch mit einer schönen Frau von schlechtem Ruf – und das auch noch in der Öffentlichkeit, was seine Pfarrkinder als Skandal ansahen.

Er wurde zu einer Standpauke vor den Bischof zitiert. Als der Bischof fertig war, sagte der Pfarrer: »Eure Exzellenz, ich war immer der Meinung, es sei besser, mit einer schönen Frau zu reden und dabei an Gott zu denken, als zu Gott zu beten und an eine schöne Frau zu denken.«

Buch ohne Buchstaben

Ein Redner führte aus, dass ein Bruchteil der enormen Summen, die in der modernen Welt für Waffen ausgegeben werden, alle wesentlichen Probleme der gesamten Menschheit lösen könnte. Die voraussehbare Reaktion der Schüler nach dem Vortrag war: »Warum sind die Menschen so dumm?«

»Deswegen«, sagte der Meister ernst, »weil Menschen wohl gelernt haben, gedruckte Bücher zu lesen. Sie haben aber die Kunst vergessen, ungedruckte zu lesen.«

»Gebt uns ein Beispiel eines ungedruckten Buches.«

Aber der Meister wollte keines geben.

Eines Tages gab er ihrem Drängen nach und sagte: »Die Lieder der Vögel, das Summen der Insekten verkünden die Wahrheit wie ein Trompetenstoß. Gräser und Blumen weisen den Weg. Lauscht! So liest man.«

Hast Du je die Vögel singen hören?

Der Bulle und der Briefträger

Die Menschen wollen sich nicht von den Befürchtungen und Ängsten, ihrem Groll und ihrem Schuldgefühl trennen, weil diese negativen Empfindungen für sie ein Anstoß sind und ihnen das Gefühl verschaffen, am Leben zu sein«, erklärte der Meister.

Und mit dieser Geschichte machte er seine Einsicht den Schülern deutlich: Der Dorfpostbote nahm mit seinem Fahrrad eine kleine Abkürzung über eine Wiese, auf der Rinder weideten. Auf halbem Weg erspähte ihn ein Bulle und ging auf ihn los. Mit Mühe und Not konnte der arme Kerl über den Weidezaun entkommen.

»Fast hätte er Sie erwischt, nicht wahr?«, sagte der Meister, der die Szene aus sicherem Abstand beobachtet hatte.

»Ja«, keuchte der alte Mann, »fast erwischt es mich immer.«

Glücklich eingeheiratet

Anhänglichkeit verzerrt unsere Wahrnehmung – ein Thema, dem sich der Meister in seinen Vorträgen immer wieder widmete. Eines Tages erhielten die Schüler darüber einen einleuchtenden Anschauungsunterricht, als sie zuhörten, wie der Meister eine Mutter fragte: »Wie geht es deiner Tochter?«

»Ach, meine liebe Tochter! Sie hat wirklich Glück! Ihr Mann ist wunderbar. Er hat ihr ein Auto geschenkt, jeden Schmuck, den sie sich wünscht, auch mehrere Dienstmädchen angestellt. Er bringt ihr das Frühstück ans Bett, und sie steht nicht vor Mittag auf. Ein wirklicher Prinz von einem Mann!«

»Und wie geht's deinem Sohn?«

Hast Du je die Vögel singen hören?

»Der arme Junge! Was für eine Plage von Frau hat er geheiratet. Er hat ihr ein großes Auto gekauft, jeden Schmuck, den sie sich wünscht, und obendrein ein Heer von Dienstmädchen angestellt. Und sie weiß nichts anderes zu tun, als bis Mittag im Bett zu liegen. Nicht einmal das Frühstück richtet sie ihm!«

24. MAI

Geld oder Leben?

Ein wohlhabender Mann erzählte eines Tages dem Meister, dass er dem Drang, Geld zu verdienen, mit dem besten Willen nicht widerstehen könne. »Nicht einmal um den Preis von Lebensfreude, bedauerlicherweise«, sagte der Meister.

»Ich spare mir die Lebensfreude, für meine alten Tage auf«, sagte der wohlhabende Mann.

»Sofern du noch alte Tage haben wirst«, sagte der Meister und erzählte die Geschichte vom Straßenräuber, der kurzen Prozess machte: »Geld oder Leben!«

Sagte das Opfer: »Nimm mein Leben. Ich hebe mir mein Geld für meine alten Tage auf.«

~

Einem anderen reichen Mann, der seine ganze Gesundheit des Geldes wegen aufs Spiel setzte, erzählte der Meister die Geschichte vom Geizhals, der zu Grabe getragen wurde.

Plötzlich kam er wieder zu Bewusstsein, überblickte die Situation und traf eine schnelle Entscheidung: »Ich möchte lieber hier bleiben, sonst muss ich die Rechnung für die Beerdigung zahlen.«

»Manche Leute möchten lieber ihr Geld retten als ihr Leben«, zog der Meister die Schlussfolgerung.

Hast Du je die Vögel singen hören?

Bäume sind nicht Indien

Worte sind nicht nur begrenzt, es gibt auch einige Worte, denen nichts entspricht. Ich zeige es Ihnen an einem Beispiel.

Gehen wir davon aus, dass ich Inder bin, und nehmen wir einmal an, ich sei Kriegsgefangener in Pakistan, und man sagt mir: »Heute werden wir dich an die Grenze zu Indien bringen, wo du einen Blick in dein Heimatland werfen kannst.«

Ich werde also zur Grenze gebracht, schaue über die Grenze und denke: »O Indien! Meine wunderschöne Heimat. Ich sehe Dörfer, Bäume und Berge. Das Land, in dem ich zu Hause bin!« Nach einer Weile sagt einer der Wächter: »Entschuldigung, wir haben uns geirrt. Die richtige Stelle liegt zehn Kilometer weiter.«

Worauf habe ich also reagiert? Auf nichts. Ich habe meine Aufmerksamkeit auf ein Wort gerichtet: Indien. Doch Bäume sind nicht Indien, Bäume sind Bäume. In Wirklichkeit gibt es keine Grenzen, sie wurden lediglich vom menschlichen Verstand gezogen, im Allgemeinen von engstirnigen, habgierigen Politikern... Nationalflaggen als Götzen sind mir zuwider. Vor was salutieren wir bei einer Flagge? Ich salutiere vor den Menschen, nicht vor einer Flagge mit einer Armee.

Flaggen gibt es auch in den Köpfen der Menschen. Jedenfalls sind Tausende von Worten im Gebrauch, die überhaupt nicht der Wirklichkeit entsprechen, aber unsere Gefühle in Wallung bringen und uns Dinge sehen lassen, die gar nicht vorhanden sind. Wir *sehen* tatsächlich indische Berge, auch wenn es sie gar nicht gibt.

Hast Du je die Vögel singen hören?

Rennen wie der Teufel

Unterwegs auf der Straße sah ein Priester, wie ein kleiner Junge immer wieder hochsprang, um die Haustürklingel zu erreichen. Der arme Kerl war zu klein, und die Glocke hing zu hoch.

Also ging der Priester hin und klingelte für den kleinen Kerl. Dann wandte er sich lächelnd an den Kleinen: »Und was machen wir jetzt?«

Das Bürschlein sagte: »Rennen wie der Teufel!«

Dieses unheimliche, schöne Gefühl

Auf die Frage, mit welchem Gefühl Erleuchtung zu vergleichen sei, sagte der Meister: »Es ist, wie in eine Wildnis einzudringen und plötzlich zu fühlen, dass du beobachtet wirst.«

»Von wem?«

»Von Felsen, Bäumen und Bergen.«

»Ein unheimliches Gefühl!«

»Nein, ein durchaus wohltuendes. Weil es aber ein ungewohntes Gefühl ist, sieht man sich getrieben, Hals über Kopf in die Alltagswelt der Menschen zurückzukehren – in ihren Lärm, ihren Wortschwall, ihr Gelächter –, in eine Welt, die uns von der Natur und Wirklichkeit abgeschnitten hat.«

Hast Du je die Vögel singen hören?

Auf der Party der Tugenden

Vor langer Zeit gab Gott einmal eine Party, zu der er alle Tugenden, die großen und die kleinen, die bescheidenen und die mächtigen, einlud. Sie versammelten sich in einer wunderbar geschmückten Halle im Himmel und begannen sich alsbald himmlisch zu amüsieren, weil sie sich untereinander kannten und einige sogar eng miteinander verwandt waren.

Plötzlich fielen Gott zwei liebreizende Tugenden auf, die sich nicht zu kennen schienen und offenbar nicht viel miteinander anzufangen wussten. Also nahm er eine von ihnen bei der Hand und stellte sie der anderen förmlich vor.

»Dankbarkeit«, sagte er, »das ist Barmherzigkeit.«

Aber kaum hatte Gott den Rücken gedreht, als die beiden wieder auseinander gingen. Und deswegen wird erzählt, dass selbst Gott die Dankbarkeit nicht dorthin bringen konnte, wo die Barmherzigkeit ist.

Mangos

Die Zeit der Monsunregen stand bevor, und ein sehr alter Mann grub in seinem Garten tiefe Löcher.

»Was tut Ihr?«, fragte ein Nachbar.

»Ich pflanze Mango-Bäume«, lautete die Antwort.

»Wollt Ihr etwa noch Früchte von diesen Bäumen essen?«

»Nein, so lange werde ich nicht mehr leben. Aber andere werden da sein. Mir fiel neulich ein, dass ich mein Leben lang Mangos gegessen habe, die von anderen Leuten gepflanzt wurden. Auf diese Weise möchte ich ihnen meine Dankbarkeit zeigen.

Hast Du je die Vögel singen hören?

Ein Heiliger im Gefängnis

Ein zweiundneunzig Jahre alter Priester wurde von jedermann in der Stadt verehrt. Wenn er auf der Straße erschien, verneigte man sich tief, denn der Mann galt als heilig. Er war auch Mitglied des Rotary Klubs. Bei jeder Versammlung war er anwesend, immer pünktlich und saß stets auf seinem Lieblingsplatz in einer Ecke des Raumes.

Eines Tages war er verschwunden. Es war, als hätte er sich in Luft aufgelöst, denn trotz allem Suchen fand man keine Spur von ihm. Als sich jedoch im folgenden Monat der Rotary Klub wieder versammelte, saß er wie gewöhnlich in einer Ecke.

»Aber, Father«, riefen sie, »wo wart Ihr?« – »Im Gefängnis«, antwortete der Priester ruhig. »Im Gefängnis? Aber um Himmels willen, Ihr könnt doch keiner Fliege etwas zuleide tun. Was ist passiert?« – »Das ist eine lange Geschichte«, sagte der Priester. »Kurz gesagt, Folgendes ist passiert. Ich kaufte mir eine Fahrkarte, um in die Stadt zu fahren und wartete auf dem Bahnsteig auf den Zug, als ein Polizist mit einem sehr schönen Mädchen im Griff auftauchte. Sie musterte mich, drehte sich zu dem Polypen und sagte: ›Der war's!‹ Und um die Wahrheit zu sagen, ich fühlte mich so geschmeichelt, dass ich mich schuldig bekannte.«

Hast Du je die Vögel singen hören?

Vom Tanz zum Tänzer

Das hinduistische Indien schuf ein schönes Bild, um die Beziehung zwischen Gott und seiner Schöpfung zu beschreiben. Gott »tanzt« seine Schöpfung. Er ist der Tänzer, die Schöpfung der Tanz. Der Tanz ist etwas anderes als der Tänzer, und doch gäbe es keinen Tanz ohne Ihn.

Auf seiner Suche nach Gott denkt der Mensch zu viel, redet zu viel. Selbst wenn er diesen Tanz betrachtet, den wir Schöpfung nennen, grübelt er die ganze Zeit, spricht, überlegt, analysiert und philosophiert: Worte, Lärm.

Sei still und sieh dem Tanz zu. Nur hinschauen: ein Stern, eine Blume, ein welkendes Blatt, ein Vogel, ein Stein. Jeder Teil des Tanzes ist geeignet. Schauen, lauschen, riechen, berühren, schmecken. Und sicher wird es nicht lange dauern, bis du Ihn siehst, den Tänzer selbst!

Hast Du je die Vögel singen hören?

Tausend und eine Rosenblüte

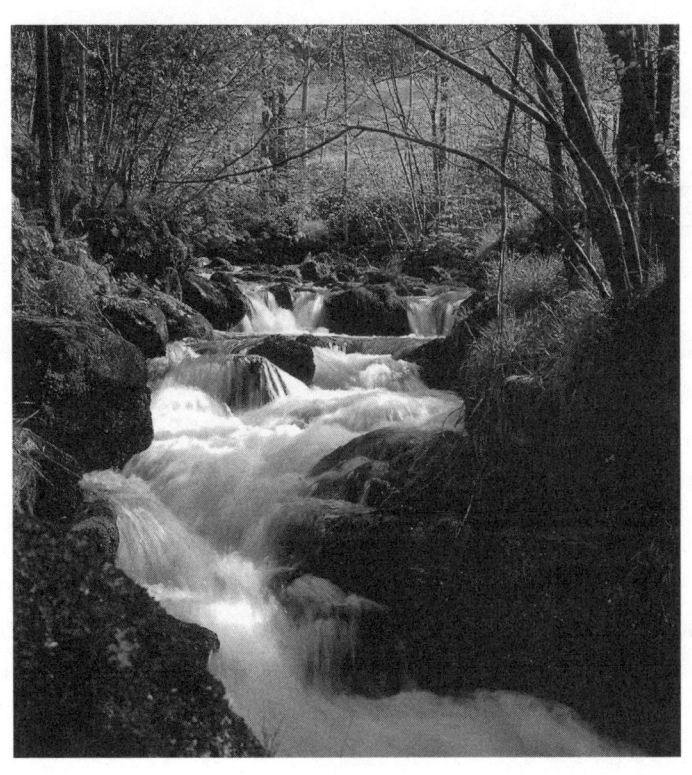

Tausend und eine Rosenblüte

Der Gouverneur kündigte seinen Besuch an, um im Klostergarten eine Rosenhecke zu besichtigen, die über und über in den exotischsten Farben blühte. Als er vor der Hecke stand, fand er daran zu seiner Überraschung nur noch eine einzige Rosenblüte. Er hörte, dass der Meister alle anderen Blüten abgeschnitten hatte, und fragte ihn nach dem Grund.

»Hätte ich sie daran gelassen, hättest du nicht eine von ihnen gesehen«, erklärte der Meister.

Und nach einer kurzen Pause fügte er hinzu: »Du hast dich immer mehr an die große Menge gewöhnt, mein Freund. Wann hast du das letzte Mal eine einzelne Person gesehen?«

Wann ist die Erdbeere am süßesten?

Dieses Gleichnis erzählte Buddha seinen Schülern: Ein Mann traf auf einem Feld einen Tiger. Dieser griff ihn an, und der Mann lief davon. Auf der Flucht kam er an einen Abgrund, stolperte und begann hinunterzurutschen. Er streckte die Hand aus und bekam einen kleinen Erdbeerbaum zu fassen, der an dem Steilhang wuchs. Dort hing er einige Minuten zwischen dem hungrigen Tiger und dem gähnenden Abgrund, in dem er wohl bald den Tod finden würde.

Plötzlich erspähte er eine saftige Beere an dem Erdbeerbaum. Er hielt sich mit einer Hand an dem Strauch fest, pflückte mit der anderen die Erdbeere und steckte sie in den Mund. Noch nie im Leben hatte ihm eine Erdbeere so süß geschmeckt.

Das Wissen um den Tod gibt dem Leben des Erleuchteten die Süße.

Beschreib den Duft der Rose!

Die Schüler waren in eine Diskussion vertieft über den Ausspruch Lao-Tses: »Der Wissende redet nicht, der Redende weiß nicht.« Als der Meister dazukam, fragten sie ihn, was die Worte genau bedeuteten.

Sagte der Meister: »Wer von euch kennt den Duft einer Rose?«
Alle kannten ihn. Dann sagte er: »Kleidet ihn in Worte.«
Alle schwiegen.

Im Palasthotel

Ein vom Äußeren her streng und unnachsichtig wirkender Sufi erschien vor den Toren des Palastes. Niemand wagte ihn aufzuhalten, als er geradewegs auf den Thron zuschritt, den der heiligmäßige Ibrahim ben Adam innehatte.

»Was wünscht du?«, fragte der König.
»Einen Platz um in dieser Karawanserei zu schlafen.«
»Das ist keine Karawanserei. Das ist mein Palast.«
»Darf ich fragen, wem dieser Ort vor Euch gehörte?«
»Meinem Vater. Er ist tot.«
»Und wem gehörte er vor diesem?«
»Meinem Großvater. Er ist auch tot.«
»Und dieser Ort, den Menschen eine kurze Weile bewohnen und dann weiterziehen – sagtet Ihr wirklich, er sei keine Karawanserei?«

Tausend und eine Rosenblüte

Gebet der Frösche

Als Bruder Bruno eines Nachts betete, fühlte er sich durch das Quaken eines Ochsenfrosches gestört. Er versuchte, es nicht zu beachten, doch umsonst. Wütend schrie er aus dem Fenster: »Ruhe! Ich bete gerade.«

Bruder Bruno war ein Heiliger, und so wurde sein Befehl sofort befolgt. Alle Kreatur verstummte, damit eine dem Gebet dienliche Stille einkehren konnte.

Aber nun drängte sich ein anderer Laut in Bruder Brunos Gebet – eine innere Stimme, die ihm sagte: »Vielleicht gefällt Gott das Quaken dieses Frosches genauso wie der Gesang deiner Psalmen.«

»Was kann Gott am Quaken eines Frosches gefallen?«, erwiderte Bruno spöttisch. Doch die Stimme gab nicht nach: »Warum glaubst du, hat Gott diesen Laut geschaffen?«

Bruno beschloss, eben dies herauszufinden. Er beugte sich aus dem Fenster und befahl: »Sing!« Das bedächtige Gequake des Frosches erfüllte wieder die Luft und wurde von allen Fröschen der Nachbarschaft vielstimmig aufgenommen. Und als Bruder Bruno die Laute auf sich wirken ließ, klangen die Stimmen, da er sich nicht länger gegen sie sträubte, durchaus nicht mehr schrill, sondern verschönerten tatsächlich die nächtliche Stille.

Diese Entdeckung brachte Bruder Brunos Herz in Einklang mit dem Universum, und er verstand zum ersten Mal in seinem Leben, was Beten heißt.

Tausend und eine Rosenblüte

Die Regentante

Es war zur festen Gewohnheit geworden, jedes Jahr ihre fromme Tante einzuladen, wenn sie ein Gartenfest veranstalteten. In diesem Jahr vergaßen sie es. Als die Einladung doch noch in letzter Minute eintraf, sagte sie: »Jetzt ist es zu spät. Ich habe schon um Regen gebetet.«

7. JUNI

Die Verwandlung des Tausendfüßlers

Der Meister erzählte dem Prediger eine Parabel: Ein Tausendfüßler ging zu einer alten, weisen Eule und klagte über Gicht. Jedes Einzelne seiner vielen Beine tat ihm weh.

Was lässt sich dagegen tun?

Nachdem die Eule gründlich nachgedacht hatte, gab sie dem Tausendfüßler den Rat, ein Eichhörnchen zu werden. Mit nur vier Beinen wären neunhundertsechsundneunzig Promille seiner Schmerzen beseitigt.

Sagte der Tausendfüßler: »Eine glänzende Idee! Jetzt sag mir noch, wie ich ein Eichhörnchen werden kann.«

»Plag mich nicht damit«, erwiderte die Eule. »Ich zeige nur den Ausweg.«

Tausend und eine Rosenblüte

Die Rettung der Geliebten

Ein Moslemkönig verliebte sich leidenschaftlich in eine Sklavin und holte sie aus den Sklavenhäusern in den Palast. Er wollte sie heiraten und zu seiner Lieblingsfrau machen, aber am Tag, als sie den Palast betrat, wurde das Mädchen auf geheimnisvolle Weise krank. Es ging ihr immer schlechter. Sie erhielt jede Arznei, die beschafft werden konnte, aber nichts half. Und das arme Mädchen schwebte zwischen Leben und Tod. Verzweifelt bot der König die Hälfte seines Reiches dem an, der sie heilen konnte. Aber niemand traute sich, eine Krankheit heilen zu wollen, die den besten Ärzten des Reiches ein Rätsel war.

Schließlich tauchte ein Hakim auf, der bat, das Mädchen allein sehen zu können. Nachdem er lang mit ihr gesprochen hatte, trat er vor den Thron des Königs, der voller Angst sein Urteil erwartete.

»Eure Majestät«, sagte der Hakim, »ich kenne tatsächlich eine unfehlbare Medizin für das Mädchen. Und ich bin ihrer Wirkung so sicher, dass ich bereit bin, mich bei Misserfolg enthaupten zu lassen. Die Medizin, die ich vorschlage, wird allerdings äußerst schmerzhaft sein, nicht für das Mädchen, aber für Eure Majestät.«

»Nenne die Medizin«, rief der König, »und sie soll sie bekommen, gleichgültig, was sie kostet.«

Der Hakim sah den König mitleidsvoll an und sagte: »Das Mädchen liebt einen Eurer Diener. Gebt ihr die Erlaubnis, ihn zu heiraten, und sie ist sofort gesund.«

Tausend und eine Rosenblüte

Guru im Glück

Der Guru saß in Meditation versunken am Ufer des Flusses, als ein Schüler ihm zwei große Perlen als Zeichen der Verehrung und Ergebenheit vor die Füße legte.

Der Guru öffnete die Augen, hob eine der Perlen auf und hielt sie so nachlässig in die Hand, dass sie herausrutschte und die Böschung hinunter in den Fluss rollte.

Der entsetzte Schüler tauchte sofort nach der Perle, aber obwohl er es bis spät in den Abend hinein immer wieder versuchte, hatte er kein Glück.

Schließlich weckte er den Guru aus seiner Meditation, nass und erschöpft wie er war, und sagte: »Ihr habt die Perle fallen sehen. Zeigt mir genau, wo, dann kann ich sie für Euch wieder finden.«

Der Guru hob die zweite Perle auf, warf sie in den Fluss und sagte: »Genau dort.«

Vom Diamanten so groß wie ein Kopf

Der Sannyasi – ein heiligmäßiger Mann – hatte den Dorfrand erreicht und ließ sich unter einem Baum nieder, um dort die Nacht zu verbringen, als ein Dorfbewohner angerannt kam und sagte: »Der Stein! Der Stein! Gib mir den kostbaren Stein!«

»Welchen Stein?«, fragte der Sannyasi.

»Letzte Nacht erschien mir Gott Shiwa im Traum«, sagte der Dörfler, »und sagte mir, ich würde bei Einbruch der Dunkelheit am Dorfrand einen Sannyasi finden, der mir einen kostbaren Stein geben würde, so dass ich für immer reich wäre.«

Tausend und eine Rosenblüte

Der Sannyasi durchwühlte seinen Sack und zog einen Stein heraus. »Wahrscheinlich meinte er diesen hier«, sagte er, als er dem Dörfler den Stein gab. »Ich fand ihn vor einigen Tagen auf einem Waldweg. Du kannst ihn natürlich haben.«

Staunend betrachtete der Mann den Stein. Es war ein Diamant. Wahrscheinlich der größte Diamant der Welt, denn er war so groß wie ein menschlicher Kopf.

Er nahm den Diamanten und ging weg. Die ganze Nacht wälzte er sich im Bett und konnte nicht schlafen. Am nächsten Tag weckte er den Sannyasi bei Anbruch der Dämmerung auf und sagte: »Gib mir den Reichtum, der es dir ermöglicht, diesen Diamanten so leichten Herzens wegzugeben.«

11. JUNI

Absage chinesisch

Ablehnungsschreiben eines chinesischen Verlages, der dem Autor ein Manuskript zurückschickt: »Wir haben Ihr Manuskript mit besonderem Genuss gelesen. Wir fürchten jedoch, sollten wir Ihre hervorragende Arbeit veröffentlichen, dass wir in Zukunft nicht mehr die Möglichkeit hätten, eine andere Arbeit, die nicht diesen von Ihnen gesetzten Standard erreicht, herausbringen zu können. Und wir können uns nicht vorstellen, wie in den nächsten hundert Jahren ein anderes Werk dem Ihren gleichkommen könnte. So sind wir zu unserem tiefsten Bedauern gezwungen, Ihr außerordentliches Essay zurückzuschicken. Zugleich bitten wir Sie tausendmal um Entschuldigung für unsere Kurzsichtigkeit und Ängstlichkeit.«

Tausend und eine Rosenblüte

Der Pauker in uns

Es war einmal ein Gasthaus, das hieß *Silberstern*. Der Gastwirt kam auf keinen grünen Zweig, obgleich er alles tat, Gäste zu gewinnen: Er richtete das Haus gemütlich ein, sorgte für eine freundliche Bedienung und hielt die Preise in vernünftigen Grenzen. In seiner Verzweiflung fragte er einen Weisen um Rat.

Als er die jammervolle Geschichte des anderen gehört hatte, sagte der Weise: »Es ist sehr einfach. Du musst den Namen deines Gasthauses ändern.«

»Unmöglich!«, sagte der Gastwirt. »Seit Generationen heißt es *Silberstern* und ist unter diesem Namen im ganzen Land bekannt.«

»Nein«, sagte der Weise, »Du musst es nun *Die fünf Glocken* nennen und über dem Eingang sechs Glocken aufhängen.«

»Sechs Glocken? Das ist doch absurd. Was soll das bewirken?«

»Versuch es doch einmal, und sieh selbst«, sagte der Weise lächelnd.

Also machte der Gastwirt einen Versuch, und folgendes geschah: Jeder Reisende, der an dem Gasthaus vorbeikam, ging hinein, um auf den Fehler aufmerksam zu machen, jeder in dem Glauben, außer ihm habe ihn noch keiner bemerkt. Und wenn sie erst einmal in der Gaststube waren, waren sie beeindruckt von der freundlichen Bedienung und blieben da, um eine Erfrischung zu bestellen. Und das war die Chance, auf die der Wirt so lange gewartet hatte. – Nichts entzückt das eigene Ich mehr, als die Fehler anderer korrigieren zu können.

Tausend und eine Rosenblüte

Liebesdienst eines Barbiers

Der heilige Mann Joneyed ging in Bettlerkleidung nach Mekka. Dort sah er einen Barbier einen reichen Mann rasieren. Als er den Barbier bat, ihn zu rasieren, verließ dieser sofort den reichen Mann und rasierte Joneyed. Und er nahm kein Geld von ihm, gab ihm sogar noch ein kleines Almosen.

Joneyed war so gerührt, dass er beschloss, dem Barbier alles zu geben, was er an diesem Tag an Almosen erhalten würde.

Nun geschah es, dass ein reicher Pilger zu Joneyed kam und ihm einen Beutel voll Gold gab. Am Abend begab sich Joneyed zu dem Barbierladen und wollte dem Barbier das Gold geben.

Der Barbier schrie ihn an: »Ihr wollt ein heiliger Mann sein? Schämt Ihr Euch nicht, einen Liebesdienst bezahlen zu wollen?«

Mit Möbeln reisen

Im vorigen Jahrhundert besuchte ein Tourist aus den Vereinigten Staaten den berühmten polnischen Rabbi Hofetz Chaim.

Erstaunt sah er, dass der Rabbi nur in einem einfachen Zimmer voller Bücher wohnte. Das einzige Mobiliar waren ein Tisch und eine Bank.

»Rabbi, wo sind Ihre Möbel?«, fragte der Tourist.

»Wo sind Ihre?«, erwiderte Hofetz.

»Meine? Aber ich bin nur zu Besuch hier. Ich bin nur auf der Durchreise«, sagte der Amerikaner.

»Genau wie ich«, sagte der Rabbi.

Was die Schnecke hat

Die Tiere hielten eine Versammlung ab und begannen, sich darüber zu beklagen, dass die Menschen ihnen immer wieder Dinge wegnahmen.

»Sie nehmen meine Milch«, sagte die Kuh.

»Sie nehmen meine Eier«, sagte die Henne.

»Sie nehmen mein Fleisch und machen Speck daraus«, sagte das Schwein.

»Sie machen Jagd auf mich wegen meines Öls«, sagte der Wal.

Und so ging es fort.

Schließlich sprach die Schnecke. »Ich habe etwas, was sie gerne hätten, und zwar mehr als alles andere. Etwas, was sie mir gerne wegnähmen, wenn sie könnten. Ich habe *Zeit*.«

Der durchschaute Chef

Chef: »Sie sehen erschöpft aus. Was ist los?«

Sekretärin: »Also nein, Sie würden es nicht glauben, wenn ich es Ihnen sagte.«

»Natürlich würde ich es glauben.«

»Nein, das würden Sie nicht, das weiß ich.«

»Ich werde Ihnen bestimmt glauben, ich verspreche es.«

»Also gut, ich habe heute zuviel gearbeitet.«

»Das glaube ich nicht.«

Tausend und eine Rosenblüte

Die verschlüsselte Botschaft

»Entschuldigung«, sage ein schüchterner Student, »ich konnte nicht entziffern, was Sie in meiner letzten Hausarbeit an den Rand geschrieben haben.«

»Ich habe Ihnen geraten, leserlich zu schreiben«, sagte der Lehrer.

Kannibale mit Manieren

Als jemand voller Stolz von den wirtschaftlichen und kulturellen Errungenschaften in seinem Land sprach, zeigte sich der Meister davon völlig unbeeindruckt.

»Haben alle diese Errungenschaften die leiseste Veränderung in den Herzen deiner Landsleute bewirkt?«, fragte er.

Darauf erzählte er von dem weißen Mann, der von Kannibalen gefangen genommen und zu ihrem Oberhäuptling gebracht worden war, um später lebendig gebraten zu werden. Er staunte nicht schlecht, als er den Häuptling ein perfektes Englisch mit Harvard-Akzent sprechen hörte.

»Haben Ihre Jahre an der Harvard-Universität nichts an Ihren Gewohnheiten geändert?«, fragte ihn der weiße Mann.

»Selbstverständlich. Sie haben mir Kultur beigebracht. Wenn Sie gebraten sind, werde ich zur Tafel den Abendanzug anziehen und Sie mit Messer und Gabel verspeisen.«

Tausend und eine Rosenblüte

Das Gequake täuscht

Als der Meister gefragt wurde, wie man Stille entdecken kann, erzählte er diese Geschichte:

Eine Handelsniederlassung war am Ankauf von Ochsenfroschhäuten interessiert. Ein Farmer telegrafierte der Firma, dass er jede Anzahl nach Bedarf liefern könnte, bis zu hunderttausend Häuten und mehr. Die Firma drahtete zurück: »Bitten um erste Lieferung von fünfzigtausend.«

Zwei Wochen später traf mit der Post eine einzige Brüllfroschhaut ein und dazu die Notiz: »Sehr geehrte Herren, ich bitte um Entschuldigung. Das ist alles, was es an Froschhäuten in der Nähe gab. Das Gequake hat mich sicher getäuscht.«

Danach sagte der Meister: »Untersuche den Lärm, den die Leute machen. Dann durchschaue den Lärm, den du selbst machst, und du wirst nichts, nur Leere – und Stille finden.«

Die Wunder im irdenen Gefäß

Der Meister besaß das, was unter den Begriff »Ehrfurcht vor dem menschlichen Leib« fällt. Als ein Schüler den Leib als ein »irdenes Gefäß« einstufte, zitierte der Meister begeistert den Dichter Kabir:

»Im Innern dieses irdenen Gefäßes
sind tiefe Schluchten und Himalaya-Berge,
die sieben Meere sind da
und tausend Millionen Milchstraßen,
die Musik der Sphären
und die Quelle von Wasserfällen
und Flüssen.«

Tausend und eine Rosenblüte

Kleiner Fischer schwänzt die Schule

Als der Meister mit einer Gruppe von Lehrern zusammentraf, unterhielt er sich lange und angeregt mit ihnen, denn er war selbst einmal Lehrer gewesen.

»Das Schlimme bei den Lehrern ist«, sagte er, »dass sie immer wieder vergessen, was das Ziel der Erziehung ist, nämlich nicht das Lernen, sondern das Leben.«

Und er erzählte, wie er einmal einen Jungen, der eigentlich in der Schule sein sollte, beim Fischen erwischte.

»Hallo, ein schöner Tag zum Fischen!«, sagte er zu dem Jungen.

»Ja«, kam es kurz und bündig zurück.

Nach einer Weile fragte der Meister: »Warum bist du heute nicht in der Schule?«

»Nun, wie Sie ja eben selbst gesagt haben – es ist ein schöner Tag zum Fischen.«

Dann erzählte der Meister vom Schulzeugnis seiner kleinen Tochter, in dem als Bemerkung stand: »Meena ist eine gute Schülerin. Sie könnte noch bessere Noten erreichen, wenn ihre pure Lebensfreude nicht ihren Lernerfolg behindern würde.«

Die gute Tat am armen Hund

Eine Lehrerin fragte in einer unteren Klasse, was die Kinder Tieren schon an Freundlichkeiten erwiesen hätten.

Es gab einige herzzerreißende Geschichten.

Als Tommy an der Reihe war, sagte er stolz: »Einmal habe ich einem Jungen einen Fußtritt gegeben, weil er einen Hund getreten hat.«

Ich hab' nur meine Pflicht getan

Der Meister richtete ein scharfes Protestschreiben an den Gouverneur wegen seines brutalen Vorgehens gegen eine antirassistische Demonstration.

Der Gouverneur schrieb zurück, dass er nur seine Pflicht getan hätte.

Sagte der Meister: »Immer, wenn ein sturer Mensch etwas macht, worüber er sich schämen sollte, erklärt er es zu seiner Pflicht.«

Süße Buße

Eine fromme Frau erzählte dem Meister, dass sie am Morgen beim Beichten gewesen sei.

»Ich kann mir nicht vorstellen, dass Sie eine schwere Sünde begehen können«, sagte der Meister. »Was haben Sie denn gebeichtet?«

»Nun, dass ich zu faul war, am Sonntag zur Messe zu gehen, dass ich einmal dem Gärtner geschworen habe und dass ich einmal meine Schwiegermutter für eine ganze Woche aus dem Haus gejagt habe.«

»Aber das ist doch schon fünf Jahre her, nicht wahr? Seitdem haben Sie doch sicherlich schon gebeichtet?«

»Ja, das habe ich. Aber ich beichte es jedes Mal. Ich erinnere mich halt so gern daran.«

Wohnungsprobleme eines Flohs

Ein Floh beschloss, mit seiner Familie in ein Elefantenohr umzuziehen. Also rief er: »Mr. Elefant, meine Familie und ich haben vor, in Ihr Ohr zu ziehen. Ich finde es fair, Ihnen eine Woche Bedenkzeit zu geben, und es mich wissen zu lassen, wenn Sie etwas dagegen haben.«

Der Elefant, der von der Existenz des Flohs noch nicht einmal etwas gemerkt hatte, trottete gemächlich weiter, so dass der Floh nach einer Woche gewissenhaften Wartens die Einwilligung des Elefanten voraussetzte und einzog.

Einen Monat später fand Frau Floh, dass das Elefantenohr kein gesunder Wohnort war und drängte ihren Mann, wieder auszuziehen. Herr Floh bat sie, doch wenigstens noch einen Monat länger zu bleiben, um nicht die Gefühle des Elefanten zu verletzen.

Schließlich formulierte er es so taktvoll wie möglich: »Mr. Elefant, wir haben vor, ein anderes Quartier zu beziehen. Das hat natürlich mit Ihnen überhaupt nichts zu tun, denn Ihr Ohr ist geräumig und warm. Es geht nur darum, dass meine Frau lieber in der Nähe ihrer Freunde im Büffelfluss wohnen möchte. Sollten Sie etwas gegen unseren Umzug einzuwenden haben, so lassen Sie mich doch das bitte im Verlauf der nächsten Woche wissen.«

Der Elefant sagte nichts, und so zogen Flohs mit reinem Gewissen um.

Das Universum weiß nichts von deiner Existenz! Also bitte keine Aufregung!

Gott und *Aspirin*

Es ist typisch für die Hebräer der Bibel, Gottes Handeln in allen Dingen zu sehen. Wir halten uns fast ausschließlich mit sekundären Ursachen auf, während die Hebräer meist auf die erste Ursache blickten. Sind ihre Armeen im Kampf geschlagen worden? Nein, Gott hat sie geschlagen; das Unvermögen der Generäle hat nichts damit zu tun! Wurde ihre Ernte von Heuschrecken zerstört? Gott hat sie geschickt.

Zugegeben, ihr Wirklichkeitssinn war einseitig. Sie haben anscheinend sekundäre Ursachen ganz ignoriert. Unser moderner Wirklichkeitssinn ist auf noch extremere Weise einseitig, denn wir ignorieren anscheinend vollständig die erste Ursache. Sind deine Kopfschmerzen verschwunden? Die Hebräer würden gesagt haben: »Gott hat dich gesund gemacht!« Und wir: »Lass Gott aus dem Spiel. Die Aspirintablette hat dich gesund gemacht.«

Uns hingegen ist ganz der Sinn für das Werk des Unendlichen in unserem Leben verloren gegangen. Wir spüren nicht mehr, dass Gott uns gesund macht durch unsere Ärzte, dass Gott jedes Ereignis unseres Lebens formt, dass Gott jeden Menschen, dem wir begegnen, schickt, dass er uns im leichten Wind umspielt und uns bei jeder Empfindung berührt. Er erschafft alle Laute um uns, damit wir sie hören und uns Gottes Gegenwart bewusst werden.

Tausend und eine Rosenblüte

Könige und Priester

Ein König träumte, er sähe einen König im Paradies und einen Priester in der Hölle. Er fragte sich, wie das möglich sei, als er eine Stimme hörte: »Der König ist im Paradies, weil er die Priester respektierte; der Priester ist in der Hölle, weil er sich mit Königen arrangierte.«

Requiem partout

Ein kleiner Junge war todunglücklich, als er seinen Liebling, eine Schildkröte, leblos und starr auf dem Rücken liegend, neben dem Teich fand.

Sein Vater bemühte sich, ihn zu trösten: »Weine nicht, mein Junge. Wir werden ein schönes Begräbnis für Frau Schildkröte veranstalten. Wir werden ihr einen kleinen Sarg machen, ihn mit Seide ausschlagen und einen Grabstein bestellen, auf den Frau Schildkrötes Name graviert wird. Dann werden wir jeden Tag frische Blumen hinbringen und einen kleinen Palisadenzaun anlegen.«

Der kleine Junge trocknete seine Tränen und begeisterte sich für diesen Plan. Als alles fertig war, formierte sich der Trauerzug – Vater, Mutter, Hausmädchen und Kind als Haupttrauernde – und begann sich feierlich zu dem Teich zu begeben, um den Leichnam einzuholen. Aber der war verschwunden.

Plötzlich erblickten sie Frau Schildkröte, wie sie aus der Tiefe des Teiches auftauchte und vergnügt hin und her paddelte. Der kleine Junge starrte bitter enttäuscht auf seinen Freund und sagte: »Komm, dann bringen wir sie eben um.«

Tausend und eine Rosenblüte

Der überfahrene Verkehrsexperte

Der Meister lächelte über Leute, die sich selbst als geistliche Führer anderer einsetzen, obwohl sie selbst hin und her gerissen und orientierungslos waren.

Er erzählte mit Vorliebe von dem Autor, der ein Buch schrieb »Wie verhalte ich mich als Fußgänger im Straßenverkehr« und am Tage der Veröffentlichung überfahren wurde.

Froschperspektiven

Ein Frosch hatte sein Leben lang in einem Brunnen gewohnt.

Eines Tages sah er zu seinem Erstaunen einen anderen Frosch.

»Woher kommst du?«, fragte er.

»Aus dem Meer, dort lebe ich«, sagte der andere.

»Wie ist das Meer? Ist es so groß wie mein Brunnen?«

Der Meeresfrosch lachte: »Das ist nicht zu vergleichen«, sagte er.

Der Brunnenfrosch tat so, als sei er daran interessiert, was sein Besucher über das Meer zu berichten habe. Aber er dachte: »Unter all den Lügnern, die ich in meinem Leben kennen gelernt habe, ist dieser hier zweifellos der größte und unverschämteste.«

Wie soll man einem Frosch im Brunnen vom Ozean erzählen oder einem Ideologen von der Wirklichkeit?

Tausend und eine Rosenblüte

JULI

Die alte Dame vom Strand

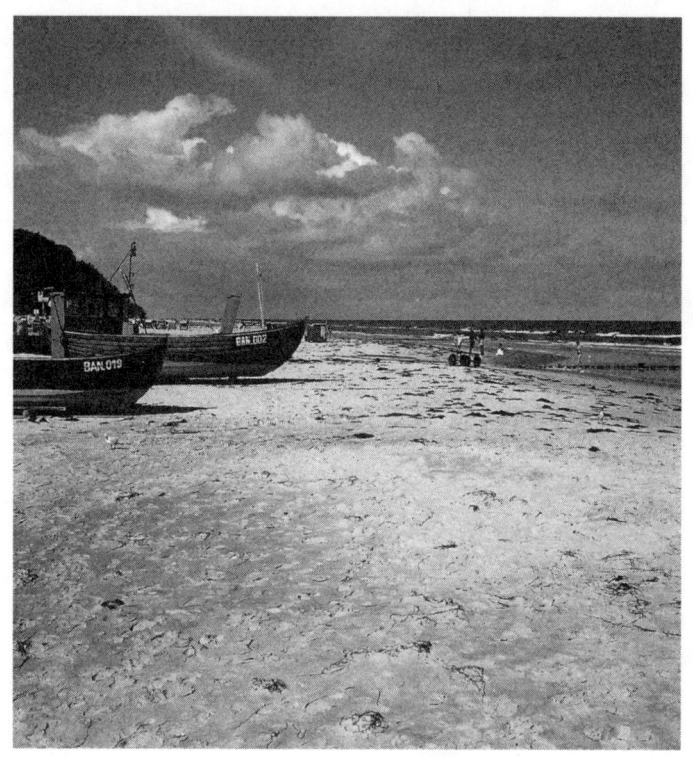

Die alte Dame vom Strand

Eine fünfköpfige Familie war glücklich, einen Tag am Strand verbringen zu können. Die Kinder badeten im Meer und bauten Sandburgen, als eine kleine alte Dame auf sie zukam. Ihr graues Haar wehte im Wind und ihre Kleidung war schmutzig und zerlumpt. Sie murmelte vor sich hin, während sie Gegenstände vom Boden aufhob und in eine Tasche tat.

Die Eltern riefen die Kinder zu sich und sagten, sie sollten sich von der alten Dame fernhalten. Als sie vorbeiging und sich hin und wieder bückte, um etwas aufzuheben, lächelte sie der Familie zu: Aber ihr Gruß wurde nicht erwidert.

Viele Wochen später erfuhren sie, dass die kleine alte Dame es sich zur Lebensaufgabe gemacht hatte, Glasscherben am Strand aufzuheben, damit sich die Kinder nicht die Füße aufschnitten.

Was der kleine Tommy schon alles sehen kann

Tommy war gerade vom Strand zurückgekommen. »Waren da noch andere Kinder?«, fragte seine Mutter. »Ja«, sagte Tommy. »Jungen oder Mädchen?«
»Woher soll ich das wissen? Sie hatten nichts an.«

~

Sie sehen nicht, was da ist, sondern das, was ihnen beigebracht wurde zu sehen.

Die alte Dame vom Strand

Beschränktheit mit erweitertem Horizont
oder Reisen bildet

Der Prediger war in verschiedene fremde Länder unterwegs. Sagten die Schüler: »Glaubst du, dass Reisen den Geist weiter werden lässt?«

»Nein«, gab der Meister zur Antwort, »es weitet nur seine Beschränktheit auf ein größeres Gebiet aus.«

Wenn ein Mann zusammensackt

In den Zeitungen stand, dass die Hitzewelle zu Ohnmachtsanfällen führte. Deswegen war die junge Dame nicht erstaunt, als der mittelalterliche Herr neben ihr auf der Kirchenbank zusammensackte. Schnell kniete sie sich neben ihn, legte die Hand fest auf seinen Kopf und drückte ihn hinunter zwischen seine Knie. »Lassen Sie den Kopf hängen«, flüsterte sie eindringlich, »Sie werden sich gleich besser fühlen, wenn Ihnen das Blut wieder in den Kopf steigt.«

Die Frau des Mannes sah das und lachte unterdrückt, tat aber nichts, ihrem Mann oder der jungen Dame zu helfen. ›Eine herzlose Person‹, dachte die junge Dame.

Fassungslos merkte sie, wie sich der Mann ihrem festen Griff entwand. Er zischte sie an: »Was geht Sie das an, Sie dumme Gans! Ich versuche, meinen Hut unter der Bank wieder aufzuheben.«

Die alte Dame vom Strand

Zeitlos

Sagte der Tourist: »Die Leute in Ihrem Land sind arm. Doch sie
scheinen sich nie Sorgen im Voraus zu machen.«
Sagte der Meister: »Das liegt daran, dass sie nie auf die Uhr schau-
en.«

Die Meeresglocken

Der Tempel hatte auf einer zwei Meilen in der offenen See gelege-
nen Insel gestanden. In ihm befanden sich tausend Glocken. Große
und kleine, Glocken, von den besten Handwerkern der Welt gegos-
sen. Wenn der Wind wehte oder ein Sturm wütete, begannen alle
Glocken gleichzeitig zu ertönen und in einer Symphonie zusam-
menzuklingen, die das Herz des Hörers in Entzücken versetzte.
Aber im Laufe der Jahrhunderte versank die Insel im Meer und mit
ihr der Tempel und die Glocken. Nach einer alten Überlieferung
ertönten die Glocken auch weiterhin, unaufhörlich, und jeder
konnte sie hören, der aufmerksam lauschte. Beflügelt von dieser
Überlieferung, reiste ein junger Mann Tausende von Meilen, um
dieses Wunder zu hören. Tagelang saß er an der Küste, der Stelle gegenüber, wo der Tempel einst gestanden hatte und lauschte –
lauschte mit allen Fasern seines Herzens. Aber er hörte nur die sich
am Strand brechenden Wellen. Er bemühte sich immer wieder, das
Brausen der Wellen zu verdrängen, damit er die Glocken hören
konnte. Aber vergeblich; das Rauschen des Meeres schien das Universum zu überfluten.

Die alte Dame vom Strand

Viele Wochen blieb er seiner Aufgabe treu. Wenn er entmutigt war, pflegte er den Worten der Dorf-Pandits zu lauschen, die überschwänglich die Legende der Tempelglocken erzählten und jene erwähnten, die sie gehört und damit ihre Wahrheit bekräftigt hatten. Und sein Herz begann zu brennen, als er ihre Worte hörte, nur um wieder entmutigt zu sinken, als wochenlanges Bemühen nichts ergab.

Schließlich beschloss er, den Versuch aufzugeben. Vielleicht war es ihm nicht bestimmt, zu den Glücklichen zu gehören, die die Glocken vernehmen konnten. Vielleicht stimmte die Legende nicht. Er wollte nach Hause zurückkehren und seinen Misserfolg eingestehen. Am letzten Tag ging er zu seinem Lieblingsplatz am Strand, um sich von der See, dem Himmel, dem Wind und den Kokospalmen zu verabschieden. Er lag im Sand, blickte in den Himmel und lauschte dem Rauschen des Meeres. An diesem Tag sträubte er sich nicht gegen das Rauschen. Im Gegenteil, er gab sich ihm hin und empfand das Tosen der Wellen angenehm und beruhigend. Bald hatte er sich so in diesem Klang verloren, dass er sich seiner selbst kaum bewusst war, so tief war die Stille in seinem Herzen geworden.

In der Tiefe dieser Stille hörte er es! Das helle Klingeln einer winzigen Glocke, gefolgt von einer anderen und noch einer anderen und wieder einer anderen …, und bald ertönten alle tausend Tempelglocken in wunderbarem Zusammenklang, und sein Herz war außer sich vor Freude und Staunen.

⌒

Wenn du die Tempelglocken hören willst, lausche dem Klang des Meeres. Wenn du Gott sehen willst, sieh dir die Schöpfung mit offenen Augen an. Lehne sie nicht ab, grübele nicht darüber nach. Sieh sie dir einfach an.

Die alte Dame vom Strand

Entsagung im Himalaya

Im alten Indien wurde den Vedischen Riten große Bedeutung beigemessen, auch auf naturwissenschaftlichem Gebiet, so dass, wenn die Weisen um Regen beteten, nie Dürre im Land herrschte. Nach diesen Riten begann ein Mann zu Lakshmi, der Göttin des Reichtums zu beten, damit sie ihn reich mache.

Zehn lange Jahre betete er ohne Erfolg, und nach dieser Zeit erkannte er plötzlich, dass Reichtum trügerisch sei. Darauf begann er ein Leben der Entsagung im Himalaya.

Als er eines Tages während der Meditation die Augen aufschlug, sah er vor sich eine außergewöhnlich schöne Frau, so strahlend und so leuchtend, als wäre sie aus Gold.

»Wer bist du, und was tust du hier?«, fragte er.

»Ich bin die Göttin Lakshmi, die du zwölf Jahre lang mit Lobgesängen verehrtest«, sagte die Frau. »Ich bin gekommen, um dir deinen Wunsch zu erfüllen.«

»Nun, meine liebe Göttin«, erwiderte der Mann, »seither habe ich das Glück der Meditation erfahren und mein Verlangen nach Reichtum verloren. Du kommst zu spät. Sag mir, warum hast du dein Kommen so lange hinausgeschoben?«

»Um dir die Wahrheit zu sagen«, antwortete die Göttin, »die Besonderheit dieser Riten, die du so treu befolgt hast, rechtfertigte durchaus, dass dir Reichtum zuteil geworden wäre. Weil ich dich aber liebe und dein Wohlergehen wünsche, hielt ich ihn zurück.«

~

Wenn du die Wahl hättest, was würdest du wählen: die Erfüllung deiner Bitte oder die Gnade, inneren Frieden zu haben, ob sie nun erfüllt wird oder nicht?

Die alte Dame vom Strand

Ein starkes Getränk

Auf einer Party in Japan wurde einem Besucher ein beliebtes japanisches Getränk angeboten. Nach dem ersten Glas merkte er, wie die Möbel im Zimmer schwankten.

»Das ist aber ein starkes Getränk«, sagte er zu seinem Gastgeber.

»Gar nicht so besonders«, erwiderte dieser, »wir haben bloß gerade ein Erdbeben.«

Trotz unseres frühen Todes

Als die Schüler baten, ihnen ein Modell von Spiritualität zu geben, das sie nachahmen könnten, sagte der Meister nur: »Still, lauscht!«

Und als sie auf die Laute der Nacht draußen lauschten, begann der Meister leise den berühmten Haiku zu sprechen:

»Von einem frühen Tod

zeigt die Zikade sich unbeeindruckt.

Sie singt.«

Der größenwahnsinnige Hahn

Ein Hahn scharrte in der Box eines großen Bauernpferdes.

Als das Pferd unruhig wurde und hin und her zu stampfen begann, blickte der Hahn zu ihm auf und sagte: »Wir sollten beide vorsichtig sein, Brüderchen, sonst treten wir uns gegenseitig auf die Zehen.«

Die alte Dame vom Strand

Bekehrter Esel

Nasruddin brachte eine Ladung Salz auf den Markt. Sein Esel watete durch den Fluss, und das Salz löste sich auf. Als das Tier das jenseitige Ufer erreicht hatte, sprang es voller Freude über seine leicht gewordene Last im Kreise umher. Aber Nasruddin ärgerte sich.

Am nächsten Markttag packte er die Körbe voll Baumwolle. Der Esel wurde von der immer schwerer werdenden Last beinahe unter Wasser gezogen, als er den Fluss durchquerte.

»Da hast du's«, sagte Nasruddin fröhlich. »Das soll dir eine Lehre sein, damit du nicht denkst, es sei immer lohnend, durch Wasser zu waten.«

Gift im Kopf

Eine Gruppe Touristen, die es aufs flache Land verschlagen hatte, bekam ein Essen vorgesetzt, das ihnen nicht mehr sehr frisch erschien. Bevor sie es selbst aßen, ließen sie einen Hund probieren. Dem schien das Essen zu schmecken, und er zeigte auch keine Nachwirkungen.

Doch am nächsten Tag erfuhren sie, dass der Hund gestorben war. Panik ergriff sie. Viele begannen, sich zu erbrechen, und klagten über Fieber und Durchfall. Ein Arzt wurde gerufen, der die Opfer wegen Lebensmittelvergiftung behandeln sollte.

Der Arzt fragte zunächst, was mit dem Hundekadaver geschehen sei. Es wurde nachgeforscht. Ein Nachbar erklärte beiläufig: »Oh, man warf ihn in einen Graben, weil er von einem Auto überfahren worden war.«

Die alte Dame vom Strand

Gesang für einen Verrückten

Eine Frau nahm Gesangsunterricht. Sie hatte eine solch kreischende Stimme, dass ihr Nachbar es nicht mehr aushalten konnte. Schließlich nahm er allen Mut zusammen, klopfte an ihre Tür und sagte: »Madam, wenn Sie nicht mit dem Singen aufhören, werde ich noch verrückt.«

»Was reden Sie da?«, antwortete die Frau. »Ich habe schon seit zwei Stunden aufgehört.«

Villkommen!

Was Prediger und Priester anging, schärfte der Meister den Leuten ein, auf Kompetenz zu achten und nicht auf Ansprüche.

Zwei Touristen, erzählte er, waren im Anflug auf Honolulu und diskutierten darüber, wie »Hawaii« richtig auszusprechen. Der eine sagte, man müsse es mehr mit einem w aussprechen, der andere mehr mit einem v wie Havaii.

Gleich nachdem sie gelandet waren, wandten sie sich an einen Einheimischen. »Aloha! Wie sprechen hier die Leute den Namen der Insel aus: Hawaii oder Havaii?«

»Havaii«, sagte der Einheimische.

»Vielen Dank für Ihre Auskunft!«

»Vunderbar, villkommen auf unserer Insel, ihr beide«, sagte der Einheimische.

Die alte Dame vom Strand

Wahrheit in Prozenten

Nasruddin wurde verhaftet und unter der Beschuldigung vor Gericht gestellt, er hätte in seinem Restaurant Pferdefleisch unter die panierten Hühnerschnitzel gemengt.

Ehe der Richter sein Urteil sprach, wollte er wissen, in welchem Verhältnis er Pferde- mit Hühnerfleisch vermischt habe. Unter Eid bekannte Nasruddin: »50:50, Euer Ehren.«

Nach der Verhandlung fragte ihn ein Freund, was genau 50:50 bedeutete.

Sagte Nasruddin: »Ein Pferd auf ein Huhn.«

~

Eine Gruppe von hundert Holzfällern arbeitete sechs Monate im Wald. Zwei Frauen kochten für sie und besorgten die Wäsche. Am Ende dieser Zeit heirateten zwei der Männer die beiden Frauen.

Die Lokalzeitung meldete: »Zwei Prozent der Männer haben hundert Prozent der Frauen geheiratet.«

Feuer an die Sichtblenden

Ein Schüler beklagte sich über die Gewohnheit des Meisters, alle seine hochgehaltenen Überzeugungen über den Haufen zu werfen.

Sagte der Meister: »Ich lege Feuer an den Tempel deiner Überzeugungen, denn wenn er niedergebrannt ist, wirst du eine ungehinderte Sicht auf den weiten, grenzenlosen Himmel haben.«

Die alte Dame vom Strand

Der Flug mit der Karotte

Eine alte Frau starb, und Engel brachten sie vor den Richterstuhl. Bei Durchsicht ihrer Akte fand der Richter jedoch keine einzige barmherzige Tat, außer dass sie einmal einem hungrigen Bettler eine Karotte gegeben hatte.

Eine einzige liebevolle Tat wiegt jedoch sehr viel, und so beschloss man, sie um dieser Karotte willen in den Himmel zu bringen. Die Karotte wurde dem Gericht vorgeführt und ihr übergeben. Im gleichen Augenblick, als sie sie ergriff, begann die Karotte, wie von unsichtbaren Fäden gezogen, aufzusteigen und trug die Frau mit sich gen Himmel.

Ein Bettler tauchte auf. Er klammerte sich an den Saum ihres Kleides und wurde mit ihr zusammen hochgehoben. Eine dritte Person bekam den Fuß des Bettlers zu fassen und wurde auch hochgezogen. Bald war da eine lange Menschenkette, die von dieser Karotte emporgezogen wurde. Und so seltsam es auch klingen mag, die Frau spürte das Gewicht der vielen Leute nicht, die sich an ihr festhielten; tatsächlich bemerkte sie sie gar nicht, da sie himmelwärts blickte.

Sie stiegen immer höher, bis sie beinahe das Himmelstor erreicht hatten. Da schaute die Frau zurück, um noch einen letzten Blick auf die Erde zu tun, und sah das ganze Gefolge.

Sie war empört! Mit einer gebieterischen Handbewegung rief sie: »Macht, dass ihr wegkommt, alle! Das ist meine Karotte!«

Bei dieser herrischen Geste, musste sie die Karotte einen Augenblick loslassen – und stürzte mit ihrem ganzen Tross in die Tiefe.

Alles Übel auf der Welt hat nur eine Ursache: »Das gehört mir!«

Die alte Dame vom Strand

Der Prüfstein

Man sagt, nur ein Buch der großen Bibliothek von Alexandria habe den Brand unversehrt überstanden. Es war ein ganz gewöhnliches Buch, langweilig und uninteressant, so dass es für ein paar Pfennige einem armen Mann verkauft wurde, der kaum lesen konnte.

Dieses Buch war aber, wenn auch langweilig und uninteressant, wahrscheinlich das wertvollste Buch der Welt, denn auf der hintersten Innenseite des Schutzumschlages waren in großen klaren Buchstaben ein paar Sätze hingekritzelt, die das Geheimnis des »Prüfsteins« enthielten – eines winzigen Kieselsteines, der alles, mit dem er in Berührung kam, in pures Gold verwandelte.

Aus diesen Sätzen ging hervor, dass dieser kostbare Kieselstein irgendwo an der Schwarzmeerküste lag unter Tausenden ähnlicher Kieselsteine mit dem einzigen Unterschied, dass dieser sich warm anfühlte, als ob er lebendig wäre, während alle anderen kalt in der Hand lagen. Der Mann freute sich über sein Glück. Er verkaufte alles, was er hatte, borgte sich eine große Summe Geld, die ein Jahr reichen würde, und reiste ans Schwarze Meer, schlug ein Zelt auf und machte sich daran, in mühevoller Arbeit den Prüfstein zu suchen.

Er ging folgendermaßen vor: Er hob einen Kieselstein auf, und wenn er sich kalt anfühlte, warf er ihn nicht etwa zurück, denn dann würde er vielleicht denselben Stein dutzendmal aufheben, nein, er warf ihn ins Meer. Jeden Tag verbrachte er Stunden in seinem geduldigen Bemühen: Stein aufheben, wenn er sich kalt anfühlte, ins Meer werfen; einen anderen aufheben ... und so weiter, unentwegt.

So verbrachte er eine Woche, einen Monat, zehn Monate, ein ganzes Jahr. Dann borgte er sich wieder Geld und hielt auf diese Weise

Die alte Dame vom Strand

noch einmal zwei Jahre durch. Immer das gleiche: Stein aufheben, befühlen, wenn er kalt war, ins Meer. Stunde um Stunde, Tag um Tag, Woche um Woche – kein Prüfstein war darunter. Eines Abends hob er einen Kieselstein auf, er fühlte sich warm an, und aus purer Gewohnheit warf er ihn zurück ins Schwarze Meer.

Ein treuer Freund des Orchesters

Das Konzert in dem Badeort war schlecht und wurde auch in der Lokalzeitung nicht erwähnt. Nach der ersten Aufführung nahm die Zahl der Zuhörer merklich ab. Nur ein kleiner Mann kam jeden Abend und ließ keine Aufführung aus. Doch auch seine Anwesenheit, so sehr sich die Orchestermitglieder darüber freuten, konnte die Show finanziell nicht retten.

Am letzten Abend trat der Manager vor den Vorhang und sagte: »Meine Damen und Herren, bevor wir uns von Ihnen verabschieden, möchten wir unserem Freund hier in der ersten Reihe für seine hoch geschätzte Unterstützung danken. Er hat nicht eine einzige Aufführung ausgelassen!«

Der kleine Mann erhob sich, um seinen Dank zu stottern. »Das ist sehr liebenswürdig von Ihnen«, sagte er, »aber tatsächlich war hier der einzige Ort, wo meine Frau mich nie gesucht hätte!«

Aus dem Zeugnis eines Kindes

»Samuel hat sehr schön beim Chorsingen mitgemacht, indem er auf hervorragende Weise zuhörte.«

Die alte Dame vom Strand

Glückssträhne

Ein Mann und seine Ehefrau besuchten Freunde in einem anderen Teil des Landes und wurden zu einem Pferderennen mitgenommen. Sie waren fasziniert von dem Anblick der auf einer Bahn um die Wette rasenden Pferde, so dass sie den ganzen Abend wetteten, bis sie nur noch zwei Dollar besaßen.

Am nächsten Tag beschwor der Mann seine Frau, ihn allein zum Rennen gehen zu lassen. Ein Pferd war am Start mit einer Quote von 50:1 im ersten Rennen. Er setzte auf dieses Pferd, und es gewann. Nun setzte er alles gewonnene Geld im nächsten Rennen wieder ein, und wieder gewann er. Und so ging es den ganzen Abend, zuletzt hatte er 57 000 Dollar gewonnen.

Auf dem Heimweg kam er an einem Spielsalon vorbei. Eine innere Stimme, die gleiche, die ihn bei der Wahl des Pferdes geleitet zu haben schien, sagte: »Stopp! Geh hinein!« Also blieb er stehen, ging hinein und stand vor einem Roulette-Spiel. Die Stimme sagte: »Nummer dreizehn.« Der Mann setzte seine 57 000 Dollar auf Nummer dreizehn. Das Rad drehte sich, der Croupier sagte: »Nummer vierzehn.«

So ging der Mann mit leeren Taschen nach Hause. Seine Frau rief ihm zu: »Wie war's?«

Der Mann zuckte die Schultern. »Ich habe die zwei Dollar verloren«, sagte er.

Die alte Dame vom Strand

Pharisäers Markenzeichen

»Es gibt tatsächlich zwei Arten von Menschen: die Pharisäer und die Zöllner«, sagte der Meister, nachdem er das Gleichnis Jesu gelesen hatte.

»Wie erkennt man die Pharisäer?«

»Einfach daran, dass sie klassifizieren«, antwortete der Meister.

Die friedfertige Schlange

Eine Schlange hatte in einem Dorf so viele Leute gebissen, dass sich kaum noch jemand auf die Felder wagte. Die Heiligkeit des Meisters war so groß, dass man von ihm erzählte, er habe die Schlange gezähmt und sie überredet, die Disziplin der Gewaltlosigkeit zu üben.

Die Dorfbewohner merkten bald, dass die Schlange harmlos geworden war. Sie begannen Steine nach ihr zu werfen und sie am Schwanz hinter sich herzuziehen.

Die übel zugerichtete Schlange kroch eines Nachts in des Meisters Haus, um sich zu beschweren. Sagte der Meister: »Mein Freund, du jagst den Menschen keine Angst mehr ein, das ist schlecht.«

»Aber Ihr habt mich doch gelehrt, Gewaltlosigkeit zu üben!«

»Ich habe dir gesagt, du solltest aufhören zu beißen, nicht aber zu züngeln und zu zischen!«

Die alte Dame vom Strand

Wo ist die Einsamkeit

Sagte der Meister zu dem Geschäftsmann: »Wie der Fisch zugrunde geht auf dem Trockenen, so geht Ihr zugrunde, wenn Ihr Euch verstrickt in den Dingen der Welt. Der Fisch muss zurück in das Wasser – Ihr müsst zurück in die Einsamkeit.«
Der Geschäftsmann war entsetzt. »Muss ich mein Geschäft aufgeben und in ein Kloster gehen?«
»Nein, nein, behaltet Euer Geschäft und geht in Euer Herz.«

Seltsamer als ein Schrumpfkopf

Ein älterer Herr betrieb in einer größeren Stadt ein Antiquitätengeschäft. Eines Tages betrat ein Tourist den Laden und unterhielt sich mit dem alten Mann über die vielen Dinge, die hier aufgestapelt waren.
Sagte der Tourist: »Welches ist für Sie der seltsamste und geheimnisvollste Gegenstand, den Sie hier haben?«
Der alte Mann warf einen Blick auf die unzähligen Kuriositäten, Antiquitäten, ausgestopften Tiere, Schrumpfköpfe, präparierten Fische und Vögel, archäologischen Fundstücke, Hirschschädel ... wandte sich dann dem Touristen zu und sagte: »Das seltsamste Ding in diesem Laden bin zweifellos ich selbst.«

Die alte Dame vom Strand

Der Getauchte

Gott kann einem Menschen, der brennend nach ihm verlangt, nicht widerstehen. Mich beeindruckt immer die Hindu-Erzählung von einem Dorfbewohner, der einen Sannyasi (einen heiligen Mann), während dieser meditierend unter einem Baum saß, aufsuchte und mit den Worten anredete: »Ich möchte Gott sehen. Zeig mir, wie ich Gott erfahren kann!« Der Sannyasi sagte nichts und meditierte weiter.

Der gute Mann aus dem Dorfe kam mit seiner Bitte am nächsten Tag und an den Tagen darauf wieder, obgleich er keine Antwort erhielt. Schließlich sagte der Sannyasi angesichts seiner Beharrlichkeit zu ihm: »Du scheinst wirklich ein Gottsucher zu sein. Heute Nachmittag gehe ich zum Fluss hinunter, um mein Bad zu nehmen. Komm auch dahin.«

Als die beiden im Wasser waren, packte der Sannyasi den Kopf des Mannes mit festem Griff und drückte ihn eine Zeitlang unter Wasser, bis der arme Mann strampelte, um nach Luft zu schnappen. Nach einer Weile ließ der Sannyasi ihn los und sagte: »Komm morgen wieder zu dem Banyan-Baum.«

Als er am nächsten Tag kam, war es der Sannyasi, der das Gespräch begann. »Sag mir doch«, sagte er, »warum hast du so gestrampelt, als ich deinen Kopf unter Wasser hielt?«

»Weil ich nach Luft schnappen wollte«, erwiderte der Mann, »ohne Luft wäre ich doch gestorben.«

Da lächelte der Sannyasi und sagte: »An dem Tag, an dem Du so verzweifelt nach Gott verlangst, wie du nach Luft verlangt hast, wirst du ihn sicher finden.«

Die alte Dame vom Strand

Räuber unter sich

Als der Meister hörte, wie ein Schüler geringschätzig über die Gier und die Gewalt bei »Menschen draußen in der Welt« sprach, sagte er: »Du erinnerst mich an den Wolf, der seine tugendhafte Phase hatte. Als er beobachtete, wie eine Katze einer Maus nachjagte, wendete er sich entrüstet an einen anderen Wolf: ›Es ist höchste Zeit, dass diesem Rowdytum ein Ende gemacht wird‹.«

Maultierkreisel

»Gott sei Dank hatten wir ein Maultier zum Picknick mitgenommen, denn als ein Junge sich verletzte, konnten wir ihn auf dem Maultier zurücktransportieren.«
»Wie verletzte er sich?«
»Das Maultier versetzte ihm einen Tritt.«

Der Zigeuner in uns

In einer kleinen Grenzstadt lebte ein alter Mann schon fünfzig Jahre in dem gleichen Haus.
Eines Tages zog er zum großen Erstaunen seiner Umgebung in das Nachbarhaus um. Reporter der Lokalzeitung sprachen bei ihm vor, um ihn nach dem Grund zu fragen.
»Ich glaube, das ist der Zigeuner in mir«, sagte er mit selbstzufriedenem Lächeln.

Die alte Dame vom Strand

30. JULI
Welchem Gott sei Dank?

Der Meister bekämpfte immer wieder die Vorstellung, die sich die Menschen von Gott machten.

»Wenn euer Gott euch zur Hilfe kommt und euch aus misslicher Lage befreit«, pflegte er zu sagen, »dann ist es an der Zeit, sich auf die Suche nach dem wahren Gott zu machen.«

Als man ihn bat, das näher zu erklären, erzählte er folgende Geschichte:

»Ein Mann ließ sein nagelneues Fahrrad unbeaufsichtigt auf dem Marktplatz stehen und ging einkaufen.

Erst am nächsten Tag erinnerte er sich an das Fahrrad und rannte auf den Marktplatz, überzeugt, dass es gestohlen worden sei. Das Rad befand sich noch genau dort, wo er es abgestellt hatte.

Überwältigt von Freude stürzte er in die nächste Kirche und dankte Gott, dass er sein Fahrrad sicher bewahrt hatte, nur um beim Herauskommen festzustellen, dass das Rad weg war!«

31. JULI
Leela — Das Spiel Gottes

Einmal bezog sich der Meister auf die hinduistische Auffassung, wonach die ganze Schöpfung »leela«, ein Spiel Gottes sei und das Universum sein Spielplatz. Das Ziel der Spiritualität bestehe darin, so behauptete er, alles Leben zu einem Spiel zu machen.

Dies erschien einem strengen Besucher zu frivol. »Ist denn kein Raum zum Arbeiten da?«, fragte er.

»Selbstverständlich ist einer da. Aber Arbeit wird nur dann spirituell, wenn sie sich in Spiel verwandelt.«

Die alte Dame vom Strand

Der Kram der Welt

1. AUGUST
Der Kram der Welt

Ehefrau zum Ehemann, dessen Gesicht in einer Zeitung vergraben ist: »Ist es dir je in den Sinn gekommen, dass mehr am Leben sein könnte als das, was in der Welt vorgeht?«

2. AUGUST
Der Segen der Kokosnuss

Von einem Baum warf ein Affe eine Kokosnuss einem Sufi auf den Kopf.
Der Mann hob die Nuss auf, trank die Milch, aß das Fruchtfleisch und machte sich eine Schüssel aus der Schale.

3. AUGUST
Terminkalender im Kosmos

Im Kloster gab es keine Uhren. Als sich ein Geschäftsmann über mangelnde Pünktlichkeit beklagte, sagte der Meister: »Bei uns herrscht eine kosmische Pünktlichkeit und keine geschäftliche Pünktlichkeit.«
Der Geschäftsmann sah darin keinen Sinn. Und so fügte der Meister hinzu: »Alles hängt vom Gesichtspunkt ab. Was bedeutet aus der Sicht des Waldes der Verlust eines Blattes? Was bedeutet aus der Sicht des Kosmos der Verlust deines Terminkalenders?«

Mein lieber Bruder

Zwei Brüder, der eine verheiratet, der andere nicht, besaßen eine Farm, deren fruchtbarer Boden reichlich Korn hervorbrachte. Eine Ernte wurde zwischen den Brüdern geteilt.

Zuerst ging alles gut. Doch auf einmal begann der verheiratete Bruder nachts aufzuschrecken und dachte: »Das ist nicht gerecht. Mein Bruder ist nicht verheiratet, und er bekommt die halbe Ernte. Ich dagegen habe Frau und fünf Kinder, so dass mein Alter gesichert ist. Aber wer wird für meinen armen Bruder sorgen, wenn er alt ist? Er muss viel mehr für die Zukunft sorgen, als er es im Augenblick tut, deshalb ist sein Bedarf bestimmt größer als der meine.«

Bei diesen Gedanken stand er auf, schlich sich hinüber zu der Behausung seines Bruders und schüttete einen Sack Korn in dessen Scheune.

Auch der Junggeselle begann von diesen nächtlichen Anwandlungen überfallen zu werden. Ab und zu fuhr er aus dem Schlaf hoch und sagte sich: »Das ist einfach nicht gerecht. Mein Bruder hat eine Frau und fünf Kinder, und er bekommt die Hälfte der Ernte. Ich aber muss nur mich selbst versorgen. Ist es also richtig, dass mein Bruder, dessen Bedarf bestimmt größer ist als der meine, genau soviel bekommt wie ich?« Also stand er auf und schüttete einen Sack Korn in die Scheune seines Bruders.

Eines Nachts standen sie gleichzeitig auf und trafen sich, jeder mit einem Sack Korn auf dem Rücken.

Viele Jahre nach ihrem Tod wurde die Geschichte bekannt, und als die Bürger einen Tempel errichten wollten, bauten sie ihn dort, wo sich die beiden Brüder getroffen hatten, denn das schien ihnen der heiligste Platz der Stadt zu sein.

Der Kram der Welt

Papst durch die Brille

Als der Meister gefragt wurde, warum Sehen so schwierig sei, erzählte er diese Begebenheit:

»Nach Rückkehr von einer Reise nach Europa wurde Sam, der in einem Geschäft für Herrenunterwäsche arbeitete, von seinem Kollegen wissbegierig gefragt: ›Konntest du einen Abstecher nach Rom machen?‹ ›Ja, selbstverständlich.‹ ›Und hast du den Papst gesehen?‹ ›Den Papst gesehen? Ich hatte eine Privataudienz bei ihm!‹ ›Was du nicht sagst!‹, rief sein Kollege. ›Wie sieht er aus?‹ ›Ach, ich würde sagen, er hat Größe sechsunddreißigeinhalb‹, sagte Sam.«

Perle ohne Auster

Eine Auster sah eine Perle, die in einen Felsspalt auf den Meeresgrund gefallen war. Mit großer Anstrengung gelang es ihr, die Perle aufzufischen und sie neben sich auf ein Blatt zu legen.

Sie wusste, dass Menschen nach Perlen suchen und dachte: »Diese Perle wird ihnen auffallen, sie werden sie nehmen und mich in Ruhe lassen.«

Als ein Perlentaucher in die Nähe kam, waren seine Augen jedoch darauf trainiert, nach Austern zu suchen und nicht nach Perlen, die auf Blättern lagen.

Also griff er nach der Auster, die nun zufällig keine Perle enthielt, und die echte Perle konnte in den Felsspalt zurückrollen.

Man weiß genau, wo man zu suchen hat, deswegen gelingt es nicht, Gott zu finden.

Der Kram der Welt

Er muss dran glauben

Ein Atheist fiel von einer Klippe. Beim Hinunterstürzen packte er den Zweig eines kleinen Baumes. Dort hing er nun zwischen dem Himmel und den dreihundert Meter tiefer liegenden Felsen, wohl wissend, dass er sich nicht viel länger würde festhalten können. Plötzlich kam ihm eine Idee. »Gott«, rief er, so laut er konnte. Schweigen, niemand antwortete.

»Gott«, schrie er noch einmal. »Wenn es dich gibt, rette mich, und ich verspreche, dass ich an dich glauben und andere glauben lehren werde.«

Wieder Schweigen. Dann ließ er den Zweig vor Schreck beinahe los, als eine kräftige Stimme über den Canyon dröhnte: »Das sagen sie alle, wenn Not am Mann ist.«

»Nein, Gott, nein«, rief er laut, nun etwas hoffnungsvoller geworden. »Ich bin nicht wie die anderen. Ich habe ja schon begonnen zu glauben, merkst du das nicht, ich habe ja schon deine Stimme vernommen. Nun musst du mich bloß retten, und ich werde deinen Namen bis an die Enden der Welt verkünden.«

»Gut«, sagte die Stimme, »ich werde dich retten. Lass den Zweig los.«

»Den Zweig loslassen?«, schrie der verzweifelte Mann. »Hältst du mich für verrückt?«

Der Kram der Welt

Das Gleichnis vom Benzinverbrauch

Eine Schülerin war überzeugt, sie sei eigentlich zu sehr weltverhaftet und zu wenig religiös. Nach einer Woche Aufenthalt im Kloster bescheinigte ihr der Meister jedoch, dass ihre Religiosität durchaus in Ordnung und gesund sei.

»Aber gibt es nicht *irgend etwas*, was ich tun kann, um genauso religiös zu sein wie die anderen Schüler?!«

Darauf sagte der Meister: »Hör einmal zu: Ein Mann kaufte sich ein neues Auto. Nachdem er sechs Monate gefahren war und über den Benzinverbrauch genau Buch geführt hatte, musste er feststellen, dass er nicht den phänomenal günstigen Verbrauch erreichen konnte, der anderen Wagen dieser Klasse so oft nachgesagt wird. Er brachte sein Auto in eine Werkstatt, wo eine gründliche Inspektion vorgenommen wurde, ohne dass dabei jedoch irgendein Fehler gefunden werden konnte.

›Aber kann man denn nicht *irgend etwas* machen, um den Benzinverbrauch zu senken?‹, fragte der Mann.

›Ja, schon‹, sagte der Mechaniker. ›Sie können das machen, was die meisten Autobesitzer tun.‹

›Was denn?‹

›Lügen Sie sich ihn vor.‹«

Der Kram der Welt

Ein Bischof lernt beten

Als das Schiff des Bischofs für einen Tag an einer fernen Insel anlegte, beschloss er, diesen Tag so gut wie möglich zu nutzen. Er schlenderte am Strand entlang und traf drei Fischer, die ihre Netze flickten. In Pidgin-Englisch erklärten sie ihm, dass sie vor vielen Jahrhunderten von Missionaren christianisiert worden waren. »Wir Christen!«, sagten sie und zeigten stolz auf sich.

Der Bischof war beeindruckt. Kannten sie das Vaterunser?

Davon hatten sie noch nie gehört. Der Bischof war schockiert. Wie konnten diese Männer behaupten, Christen zu sein, wenn sie nicht etwas so Grundlegendes wie das Vaterunser kannten?

»Was sagt ihr also, wenn ihr betet?«

»Wir heben Augen zu Himmel. Wir beten: ›Wir sind drei, du bist drei, sei uns gnädig.‹« Der Bischof war bestürzt über dieses primitive, ja zutiefst ketzerische Gebet. So verbrachte er den ganzen Tag damit, sie das Gebet des Herrn zu lehren. Die Fischer lernten schwer, aber sie strengten sich an, und ehe der Bischof am nächsten Tag die Segel setzte, hörte er befriedigt, wie sie das ganze Gebet fehlerfrei aufsagten.

Monate später passierte das Schiff des Bischofs zufällig wieder diese Inseln. Als er auf dem Deck betend hin und her ging, erinnerte er sich mit Freuden daran, dass es auf jener fernen Insel drei Männer gab, die dank seiner geduldigen Bemühungen nun korrekt beten konnten. Als er gedankenverloren aufblickte, sah er im Osten einen hellen Fleck. Das Licht kam auf das Schiff zu, und als der Bischof verwundert hinsah, erkannte er drei Gestalten, die sich auf dem Wasser dem Schiff näherten. Der Kapitän stoppte, alle Matrosen beugten sich über die Reling, um das erstaunliche Ereignis zu sehen.

Der Kram der Welt

Als sie so nahe waren, dass man sie verstehen konnte, erkannte der Bischof seine drei Freunde, die Fischer.

»Bischof!«, riefen sie, »wir so froh, dich zu sehen. Wir hören, dein Boot an Insel vorbeifahren, wir schnell schnell kommen, dich zu treffen.«

»Was wollt ihr?«, fragte der Bischof ehrfürchtig.

»Bischof«, sagten sie, »wir so sehr traurig. Wir vergessen schönes Gebet. Wir sagen: Unser Vater im Himmel geheiligt sei dein Name, dein Reich komme ..., dann wir vergessen. Bitte sage uns ganzes Gebet noch einmal.«

Demütig sagte der Bischof: »Geht nach Hause zurück, gute Leute, und sagt, wenn ihr betet: ›Wir sind drei, du bist drei, sei uns gnädig!‹«

~

Ich habe oft alte Frauen beobachtet, die in der Kirche endlose Rosenkränze beten. Wie sollte Gott wohl durch dieses unzusammenhängende Gemurmel gepriesen werden? Aber jedes Mal, wenn ich in ihre Augen oder emporgewandten Gesichter sehe, weiß ich in meinem Herzen, dass sie Gott näher sind als viele kluge Leute.

10. AUGUST

Der Wille Ramas

In einem kleinen indischen Dorf lebte ein Weber, eine wirklich fromme Seele. Den ganzen Tag pflegte er den Namen Gottes vor sich hin zu sprechen, und die Leute hatten unbedingtes Vertrauen zu ihm. Wenn er eine ausreichende Menge Tuch gewoben hatte, ging er auf den Markt, um sie zu verkaufen. Fragte jemand nach dem Preis für ein Stück Stoff, antwortete er stets: »Es ist der Wille

Der Kram der Welt

Ramas, dass der Preis für das Garn 35 Cents beträgt, die Arbeit bringt 10 Cents, der Verdienst, so will es Rama, ist vier Cents. Also kostet dieses Stück Stoff nach Ramas Willen, 49 Cents.«

Die Leute hatten ein solches Vertrauen zu dem Mann, dass sie nie mit ihm handelten; sie bezahlten den verlangten Preis und nahmen die Ware entgegen.

Der Weber hatte die Gewohnheit, nachts in den Dorftempel zu gehen, Gott zu loben und seinen Namen zu preisen. Eines Nachts stürmte während seines Gesanges eine Räuberbande in den Tempel. Sie suchten jemand, um die von ihnen gestohlenen Waren wegzutragen und sagten zu ihm: »Komm mit uns!« Der Weber ging lammfromm mit ihnen und trug die Pakete auf dem Kopf. Da begann die Polizei Jagd auf sie zu machen, und die Räuber rannten davon; der Weber wollte auch davonlaufen, aber da er schon älter war, holten ihn die Polizisten bald ein, und weil sie die gestohlenen Waren bei ihm fanden, verhafteten sie ihn und warfen ihn ins Gefängnis.

Am folgenden Tag wurde er dem Richter vorgeführt und des Diebstahls beschuldigt. Als ihn der Richter fragte, was er zu seinen Gunsten anzuführen hätte, sagte er Folgendes:

»Euer Ehren, nach Ramas Willen beendete ich letzte Nacht mein Abendessen und ging, so wollte es Rama, in den Tempel, um dort ein Lob zu singen. Da stürmte plötzlich, nach Ramas Willen, eine Räuberbande herein und forderte mich, nach Ramas Willen auf, die Waren für sie zu tragen. Sie häuften eine solche Last auf meinen Kopf, dass es nicht schwer war, mich einzuholen, als nach dem Willen Ramas die Polizei die Verfolgung aufnahm. Dann wurde ich nach dem Willen Ramas verhaftet und ins Gefängnis geworfen. Und so stehe ich heute morgen, nach dem Willen Ramas, vor Euch.«

Der Richter sagte zu dem Polizisten: »Lasst den Mann frei, er ist, wie man sieht, nicht ganz zurechnungsfähig.«

Der Kram der Welt

Als der Weber wieder zu Hause war und man ihn fragte, was geschehen war, sagte der fromme Mann: »Nach dem Willen Ramas wurde ich verhaftet und vor Gericht verhört. Und nach dem Willen Ramas wurde ich freigesprochen.«

Kannst du schweigen?

Der heutige Mensch scheut das Schweigen ganz besonders. Es fällt ihm schwer, für sich allein innezuhalten. Immer drängt es ihn, in Bewegung zu sein, etwas zu unternehmen und etwas zu sagen. Und so ist denn sein Handeln meistens nicht frei, schöpferisch und dynamisch, wie er gern annimmt; es ist zwanghaft. Wenn man lernt, innezuhalten und zu schweigen, wird man frei, zu handeln oder nicht zu handeln, zu reden oder nicht zu reden, und menschliches Reden und Handeln erlangen dann neue Tiefe und neue Kraft.

Der heutige Mensch kann nicht mehr tief in sich gehen. Sobald er es versucht, wird er aus seinem Herzen gleichsam herausgeschwemmt, so wie die See eine Leiche ans Ufer spült. Der Mensch kann nur glücklich werden, wenn er zu den Quellen des Lebens in den Tiefen seiner Seele gelangt; doch wird er dauernd aus seinem Zuhause verbannt und aus der stillen Klause seines geistlichen Lebens ausgeschlossen. Somit hört er auf, Person zu sein.

Der Dichter Khalil Gibran sagt: »Man redet, wenn man nicht mehr mit sich selbst in Frieden lebt. Und wenn man nicht mehr in den Tiefen seines Herzens wohnen kann, lebt man auf seinen Lippen. Dann wird Getön zum Vergnügen und zum Zeitvertreib.«

Der Kram der Welt

Saurer Mann

Der Meister schonte niemanden, der in Selbstmitleid und Groll schwelgte.

»Unrecht erlitten zu haben«, sagte er, »ist *nichts*, es sei denn, du bist erpicht, dich daran zu erinnern.«

Der Meister setzte das Thema fort mit der Geschichte von dem Hotelbesitzer, der sich bitter über die Folgen beklagte, die der Bau einer neuen Schnellstraße für sein Geschäft mit sich gebracht hatte.

»Hör mal zu«, sagte ihm ein Freund. »Ich kann dich einfach nicht verstehen. Jeden Abend sehe ich das Schild ›Besetzt‹ vor deinem Hotel.

»Danach kannst du nicht gehen. Bevor die Schnellstraße gebaut wurde, musste ich jeden Tag dreißig bis vierzig Leute fortschicken. Jetzt schicke ich nie mehr als fünfundzwanzig weg.«

Fügte der Meister hinzu: »Wenn du entschlossen bist, negativ zu empfinden, sind sogar nicht existierende Kunden wirkliche Kunden.«

13. AUGUST

Floh im Ohr

Ein Elefant brach aus einer Herde aus und stürmte über eine kleine Holzbrücke, die einen Abgrund überspannte.

Die altersschwache Brücke zitterte und ächzte unter dem Gewicht des Elefanten.

Als er glücklich auf der anderen Seite war, rief ein Floh, der sich in einem Ohr des Elefanten niedergelassen hatte, hoch zufrieden: »Junge, Junge, die Brücke haben wir ganz schön wackeln lassen!«

Der Kram der Welt

Die Angst der Bogenschützen vor dem Sieg

Viele meinen, wenn sie keine Sehnsüchte hätten, wären sie wie ein Stück Holz. In Wirklichkeit würden sie jedoch ihre Verspanntheit verlieren. Befreien Sie sich von Ihrer Angst zu versagen, von Ihrer Anspannung, Erfolg haben zu müssen, und Sie werden bald Sie selbst sein. Entspannt. Sie werden dann nicht mehr mit angezogener Handbremse fahren. Genau das wird geschehen.

Es gibt einen schönen Satz von Tranxu, einem großen chinesischen Weisen, den ich mir gut gemerkt habe. Er lautet: »Wenn der Bogenschütze schießt, ohne einen besonderen Preis gewinnen zu wollen, kann er seine ganze Kunst entfalten; schießt er, um eine Bronzemedaille zu erringen, fängt er an, unruhig zu werden; schießt er um den ersten Preis, wird er blind, sieht zwei Ziele und verliert die Beherrschung. Sein Können ist dasselbe, aber der Preis spaltet ihn. Er ist ihm wichtig! Er denkt mehr ans Gewinnen als ans Schießen, und der Zwang zu gewinnen schwächt ihn.«

Gilt dieses Bild nicht für die meisten Menschen?

Wenn man nicht für Erfolg lebt, verfügt man über all sein Können, besitzt man all seine Kräfte, ist man entspannt, sorgt man sich nicht, es macht einem nichts aus, ob man verliert oder gewinnt.

Der Kram der Welt

15. AUGUST

Natürlich geh'n sie nach Kalkutta!

Zwei Handelsvertreter trafen sich auf einem Bahnsteig.

»Hallo.«

»Hallo.«

Schweigen.

»Wohin fahren Sie?«

»Kalkutta.«

Schweigen.

»Hören Sie! Wenn Sie sagen, Sie fahren nach Kalkutta, wissen Sie genau, dass ich denke, in Wirklichkeit fahren Sie nach Bombay. Aber nun weiß ich zufällig, dass Sie tatsächlich nach Kalkutta fahren. Warum sagen Sie also nicht die Wahrheit?«

16. AUGUST

Feuer in der Jauchegrube

Ein Betrunkener, der nachts unterwegs war, fiel in eine Jauchegrube. Als er immer tiefer in die flüssige Masse sank, begann er »Feuer« zu schreien.

Mehrere Passanten hörten ihn und stürzten herbei, um ihm zu helfen. Als sie ihn herausgezogen hatten, fragten sie ihn, warum er »Feuer« geschrien habe, obwohl doch nichts gebrannt hatte.

Er gab ihnen die Antwort: »Wäre einer von Ihnen zu Hilfe gekommen, wenn ich ›Scheiße‹ geschrien hätte?«

Der Kram der Welt

Konservierungsmittel für die Liebe

Ein frisch verheiratetes Paar sagte: »Was sollen wir tun, damit unsere Liebe von Dauer ist?«
Sagte der Meister: »Liebt gemeinsam andere Dinge.«

Lailas Liebesopfer

Laila und Rama liebten sich, waren aber zu arm, um heiraten zu können. Sie lebten in verschiedenen Dörfern, die durch einen breiten Fluss getrennt waren, in dem es von Krokodilen wimmelte.

Eines Tages hörte Laila, dass ihr Rama gefährlich erkrankt war und niemand hatte, der ihn pflegte. Sie stürzte ans Flussufer und beschwor den Fährmann, sie überzusetzen, obgleich sie nicht bezahlen konnte.

Aber der niederträchtige Bootsmann weigerte sich, wenn sie nicht einwilligte, in dieser Nacht mit ihm zu schlafen. Die arme Frau bat und bettelte, aber ohne Erfolg, so dass sie schließlich aus lauter Verzweiflung auf seine Bedingung einging.

Als sie endlich bei Rama eintraf, war er dem Tode nahe. Aber sie blieb einen Monat bei ihm und pflegte ihn gesund. Eines Tages fragte Rama, wie sie es fertig gebracht hätte, den Fluss zu überqueren. Da sie ihren Geliebten nicht belügen wollte, sagte sie ihm die Wahrheit.

Als Rama das hörte, bekam er einen Wutanfall, denn für ihn galt Tugend mehr als das Leben selbst. Er jagte sie aus dem Haus und wollte sie nie wiedersehen.

Der Kram der Welt

Lieber Füße als Schuhe

Ein alter Mann sagte, er hätte sich nur einmal im Leben beklagt, als er barfuß war und kein Geld hatte, Schuhe zu kaufen. Dann habe er einen glücklichen Mann gesehen, der keine Füße hatte. Und er habe nie wieder geklagt.

Der mittlere Pfad

Als Buddha zu seiner spirituellen Suche aufbrach, führte er ein Leben voller Entbehrungen.

Eines Tages gingen zufällig zwei Musikanten an dem Baum vorbei, unter dem er meditierend saß. Einer sagte zu dem anderen: »Spann die Saiten deiner Sitar nicht zu fest, oder sie werden springen. Und lass sie nicht zu locker hängen, denn dann kannst du darauf keine Musik machen. Halte dich an den Mittleren Weg.«

Diese Worte trafen Buddha mit solcher Wucht, dass sie seinen Weg zur Spiritualität grundlegend änderten. Er war überzeugt, dass die Worte für sein Ohr bestimmt waren. Von dieser Minute an gab er alle strengen Grundsätze auf und begann, einen Weg zu verfolgen, der leicht und hell war, den Weg der Mäßigung. Und tatsächlich wird sein Zugang zur Erleuchtung der Mittlere Pfad genannt.

Der Kram der Welt

Die Waldkirche

Es war einmal ein Wald, in dem die Vögel bei Tag und die Insekten bei Nacht sangen. Bäume gediehen, Blumen blühten und alle Art von Kreatur freute sich des Lebens in Freiheit.

Und jeder, der diesen Wald betrat, wurde hingeführt zur Einsamkeit, die die Heimat Gottes ist, der im Schweigen der Natur und ihrer Schönheit wohnt.

Doch dann begann das Zeitalter des bewusstlosen Handelns, als es den Menschen möglich wurde, dreihundert Meter hohe Gebäude zu errichten und innerhalb eines einzigen Monats Flüsse, Wälder und Berge zu zerstören. Man baute Häuser für den Gottesdienst aus dem Holz der Waldbäume und aus den Steinen im Waldboden. Kirchtürme und Minarette ragten in den Himmel, die Luft war erfüllt von Glockengeläut, Gebet, Gesang und Ermahnung.

Und plötzlich hatte Gott kein Haus mehr.

Klare Sache für den Cowboy

Als Neu-Mexiko Teil der Vereinigten Staaten wurde, so wird erzählt, und der Gerichtshof des neuen Staates zum ersten Mal zusammentrat, amtierte als vorsitzender Richter ein hartgesottener ehemaliger Cowboy, der gegen die Indianer gekämpft hatte.

Er nahm seinen Platz ein, und das Verfahren wurde eröffnet. Ein Mann wurde des Pferdediebstahls bezichtigt. Die Anklagevertretung trug den Fall vor, der Kläger und seine Zeugen wurden gehört.

Darauf erhob sich der Anwalt des Angeklagten und sagte: »Und nun, Euer Ehren, möchte ich vortragen, wie mein Mandant den Fall sieht.«

Sagte der Richter: »Setzen Sie sich. Das ist nicht nötig. Es würde nur die Jury verwirren!«

23. AUGUST

Der Hühneradler

Ein Mann fand ein Adlerei und legte es in das Nest einer gewöhnlichen Henne. Der kleine Adler schlüpfte mit den Küken aus und wuchs zusammen mit ihnen auf.

Sein ganzes Leben lang benahm sich der Adler wie die Küken, weil er dachte, er sei ein Küken aus dem Hinterhof. Er kratzte in der Erde nach Würmern und Insekten. Er gluckte und gackerte. Und ab und zu hob er seine Flügel und flog ein Stück, genau wie die Küken. Schließlich hat ein Küken so zu fliegen, stimmt's?

Jahre vergingen, und der Adler wurde sehr alt. Eines Tages sah er einen herrlichen Vogel hoch über sich im wolkenlosen Himmel. Hoheitsvoll schwebte er durch die heftigen Windströmungen, fast ohne mit seinen kräftigen goldenen Flügeln zu schlagen. Der alte Adler blickte ehrfürchtig empor. »Wer ist das?«, fragte er seinen Nachbarn.

»Das ist der Adler, der König der Vögel«, sagte der Nachbar. »Aber reg dich nicht auf. Du und ich sind von anderer Art.«

Also dachte der Adler nicht weiter an diesen Vogel. Er starb in dem Glauben, ein Küken im Hinterhof zu sein.

Der Kram der Welt

Von Wunderheilern

Der Arzt befand, die Zeit sei gekommen, seinem Patienten die Wahrheit zu sagen. »Ich glaube, ich muss Ihnen mitteilen, dass Sie sehr krank sind und wahrscheinlich nur noch zwei Tage leben werden. Vielleicht wollen Sie Ihre Angelegenheiten ordnen. Möchten Sie irgendjemanden sprechen?«

»Ja«, kam mit schwacher Stimme die Antwort.

»Und wen?«, fragte der Arzt.

»Einen anderen Arzt.«

~

»Könnten Sie mir einen guten Arzt empfehlen?«

»Ich würde Dr. Chung vorschlagen. Er rettete mir das Leben.«

»Wie ging das zu?«

»Ich war sehr krank und ging zu Dr. Ching. Ich nahm seine Medizin, und es ging mir noch schlechter. Dann ging ich zu Dr. Chang. Ich nahm seine Medizin und meinte, sterben zu müssen. Schließlich ging ich zu Dr. Chung – und der war nicht da.«

~

Ein großer Maler lud seinen Arztfreund ein, damit dieser sich sein, wie der Maler meinte, schönstes Bild ansehe. Der Arzt unterzog das Gemälde einer strengen Prüfung und betrachtete jede Einzelheit genau. Zehn Minuten vergingen, und der Künstler wurde etwas ängstlich. »Also, was hältst du davon?«, fragte er.

Der Arzt sagte: »Es scheint eine Lungenentzündung zu sein.«

~

Der Kram der Welt

Der Arzt untersuchte den Patienten sorgfältig: »Sie haben Lungenentzündung gehabt. Sind Sie nicht eine Art Musiker?«

»Ja«, sagte der Mann erstaunt.

»Und Sie spielen ein Blasinstrument?«

»Das ist richtig. Woher wussten Sie das?«

»Elementarwissen, mein Lieber. Sie haben eine deutliche Überbeanspruchung der Lungen, und die Luftröhre ist entzündet, zweifellos wegen des starken Drucks. Sagen Sie, welches Instrument spielen Sie?«

»Akkordeon.«

25. AUGUST

Weisheit ist kein Bahnhof

Gewisse Menschen werden nie etwas lernen,
weil sie alles zu schnell begreifen.
Weisheit ist schließlich kein Bahnhof,
an dem man ankommt,
sondern eine Art zu reisen.
Reist man zu schnell,
übersieht man die Landschaft.
Genau zu wissen, wohin man will,
kann der beste Weg sein, sich zu verirren.
Nicht alle, die bummeln, verlaufen sich.

Der Kram der Welt

Vom Glauben ein bisschen an alles

Der Meister hörte einer Schauspielerin zu, die sich bei Tisch über Horoskope unterhielt.

Er beugte sich zu ihr hinüber und sagte: »Sie glauben nicht an Astrologie, nicht wahr?«

»O doch«, antwortete sie, »ich glaube an alles ein bisschen.«

Das Alphabet-Gebet

Eine chassidische Geschichte: Eines Abends spät merkte ein armer Bauer auf dem Weg vom Markt, dass er sein Gebetbuch nicht bei sich hatte. Da ging mitten im Wald ein Rad seines Karrens entzwei und es betrübte ihn, dass dieser Tag vergehen sollte, ohne dass er seine Gebete verrichtet hatte.

Also betete er: »Ich habe etwas sehr Dummes getan, Herr. Ich bin heute früh ohne mein Gebetbuch von zu Hause fortgegangen und mein Gedächtnis ist so schlecht, dass ich kein einziges Gebet auswendig sprechen kann. Deshalb werde ich dies tun: Ich werde fünfmal langsam das ganze ABC aufsagen und du, der du alle Gebete kennst, kannst die Buchstaben zusammensetzen und daraus die Gebete machen, an die ich mich nicht erinnern kann.«

Und der Herr sagte zu seinen Engeln: »Von allen Gebeten, die ich heute gehört habe, ist dieses ohne Zweifel das beste, weil es aus einem einfachen und ehrlichen Herzen kam.«

Der Kram der Welt

Des Fischers wunderbare Verwandlung

Eines Nachts schlich ein Fischer in das Anwesen eines reichen Mannes und warf sein Netz in einen See voller Fische. Der Besitzer hörte ihn und schickte seine Wachen aus. Als der Fischer sie mit erleuchteten Fackeln überall nach ihm suchen sah, beschmierte er schnell seinen Körper mit Asche und setzte sich unter einen Baum, wie es heilige Männer in Indien zu tun pflegen.

Der Besitzer und seine Wachen konnten keinen Wilderer entdecken, obgleich sie lange Zeit suchten. Sie fanden nur einen mit Asche bedeckten heiligen Mann, der in Meditation versunken unter einem Baum saß.

Am nächsten Tag verbreitete sich überall die Nachricht, dass ein großer Weiser geruhte, auf dem Anwesen des reichen Mannes Aufenthalt zu nehmen. Mit Blumen, Früchten und Essen strömten die Menschen herbei, sogar mit Geld, um ihre Ehrerbietung zu bekunden, denn man hing dem frommen Glauben an, Gaben an einen heiligen Mann bringen dem Geber Gottes Segen.

Der Fischer, zum Weisen geworden, wunderte sich über sein Glück. »Es ist leichter, seinen Lebensunterhalt mit dem Glauben dieser Leute zu verdienen, als durch meiner Hände Arbeit«, sagte er sich. Also meditierte er weiter und tat keinen Handgriff mehr.

Der Kram der Welt

Wie die Stimme des Sängers die Halle füllt

Vor einer Konzerthalle hörte ich zufällig folgendes Gespräch: »Ein phantastischer Sänger! Seine Stimme füllte die Halle!«

»Ja, einige von uns mussten die Halle verlassen, um Raum für sie zu schaffen!«

Komisch! Sie können ruhig sitzen bleiben, meine Damen und Herren, des Sängers Stimme füllt zwar die Halle, beansprucht aber keinen Raum.

Im Verlauf einer geistigen Beratung hörte ich zufällig: »Wie kann ich Gott so lieben, wie die Heilige Schrift verlangt?

Wie kann ich ihm mein ganzes Herz geben?«

»Du musst zunächst aus deinem Herzen alle Dinge der Schöpfung verbannen.«

Stimmt nicht! Hab keine Angst, dein Herz mit Menschen und Dingen zu füllen, die du liebst, denn die Liebe zu Gott wird in deinem Herzen nicht mehr Raum beanspruchen als eines Sängers Stimme in einer Konzerthalle.

Die Schildkröte im Schlamm

Der Kaiser von China hörte von der Weisheit eines Eremiten, der in den Bergen im Norden lebte. Er schickte Boten zu ihm, die ihm das Amt des Premierministers in seinem Reich antragen sollten. Die kaiserlichen Gesandten waren tagelang unterwegs, ehe sie die Eremitenklause erreichten. Den Eremiten fanden sie halbnackt auf einem Felsen sitzen beim Fischen. Zuerst bezweifelten sie, dass das der Mann sein sollte, von dem der Kaiser so große Stücke hielt, aber Erkundigungen im nächsten Dorf ergaben, dass er es tatsächlich war. So riefen sie ihn vom Ufer aus höflich an.

Der Eremit watete ans Ufer, nahm die reichen Geschenke der Gesandten entgegen und vernahm ihr seltsames Begehren. Als ihm schließlich klar wurde, dass der Kaiser ihn, den Eremiten zum Premierminister des Reiches machen wollte, warf er den Kopf zurück und brüllte vor Lachen. Als er sich schließlich beruhigt hatte, sagte er zu den bestürzten Gesandten: »Seht ihr diese Schildkröte hier, wie sie im Schmutz mit ihrem Schwanz wippt?«

»Ja, geehrter Herr«, sagten die Abgesandten.

»Nun sagt mir, stimmt es, dass sich der kaiserliche Haushalt jeden Tag in der Palastkapelle versammelt und eine ausgestopfte Schildkröte verehrt, die sich in einem Schrein über dem Hauptaltar befindet, eine göttliche Schildkröte, deren Rückenschild mit Diamanten, Rubinen und anderen Edelsteinen inkrustiert ist?«

»So ist es in der Tat, geehrter Herr«, sagten die Abgesandten.

»Glaubt ihr wohl, dass dieser kleine Bursche hier, der im Schmutz mit seinem Schwanz wackelt, den Platz mit der göttlichen Schildkröte tauschen würde?«

»Nein, verehrter Herr«, sagten die Gesandten.

»Dann geht und sagt dem Kaiser, dass auch ich das nicht will. Ich möchte lieber lebendig in diesen Bergen als tot in seinem Palast sein. Niemand kann in einem Palast wohnen und lebendig bleiben.«

Der Kram der Welt

Perlen in der Wüste

Zwei Schmuckhändler kamen eines Nachts ungefähr gleichzeitig in einer Karawanserei in der Wüste an. Jeder war sich der Gegenwart des anderen durchaus bewusst, und als der eine sein Kamel ablud, konnte der andere der Versuchung nicht widerstehen, wie zufällig eine große Perle fallen zu lassen. Sie rollte auf den anderen zu, der sie mit gespielter Liebenswürdigkeit aufhob, sie ihrem Eigentümer zurückgab und sagte: »Ihr habt hier eine wunderschöne Perle, mein Herr. Groß und schimmernd wie wenige.«

»Wie reizend Ihr das sagt«, erwiderte der andere. »Tatsächlich ist es eine der kleineren aus meiner Kollektion.«

Ein Beduine, der am Feuer saß, hatte dieses Schauspiel beobachtet. Er erhob sich und lud die beiden ein, mit ihm zu essen. Als sie ihr Mahl begannen, erzählte er folgende Geschichte:

»Auch ich, meine Freunde, war einmal Schmuckhändler wie Ihr. Eines Tages geriet ich in der Wüste in einen großen Sturm. Meine Karawane und ich wurden hin und her getrieben, bis ich mein Gefolge verloren und mich verirrt hatte. Tage vergingen, und von panischer Angst ergriffen, merkte ich, dass ich im Kreis herumwanderte und kein Gefühl mehr hatte, wo ich war und welche Richtung ich einschlagen sollte.

Als ich fast verhungert war, lud ich alles Gepäck von meinem Kamel ab und durchwühlte es wohl zum hundertsten Mal. Stellt euch meine Aufregung vor, als ich einen Beutel fand, den ich zuvor übersehen hatte. Mit zitternden Fingern riss ich ihn auf in der Hoffnung, etwas Essbares zu finden. Ihr werdet meine Enttäuschung verstehen, als ich sah, dass er nur Perlen enthielt.«

Der Kram der Welt

Zugvogels sicheres Fundament

Zugvogels sicheres Fundament

»Ich sehne mich nach einem festen Grund, einem sicheren Fundament für mein Leben.«

»Sieh es doch so an«, sagte der Meister. »Was ist der feste Grund für den Zugvogel, der Kontinente überquert? Was ist das sichere Fundament für den Fisch, der vom Fluss in das Meer getragen wird?«

Jim, wach auf!

Vor einiger Zeit hörte ich im Radio die Geschichte von einem Mann, der an die Zimmertür seines Sohnes klopft und ruft: »Jim, wach auf!«

Jim ruft zurück: »Ich mag nicht aufstehen, Papa.«

Darauf der Vater noch lauter: »Steh auf, du musst in die Schule!«

»Ich will nicht zur Schule gehen.«

»Warum denn nicht?«, fragte der Vater.

»Aus drei Gründen«, sagte Jim. »Erstens ist es so langweilig, zweitens ärgern mich die Kinder, und drittens kann ich die Schule nicht ausstehen.«

Der Vater erwidert: »So, dann sag' ich dir drei Gründe, wieso du in die Schule musst: Erstens ist es deine Pflicht, zweitens bist du 45 Jahre alt, und drittens bist du der Klassenlehrer.«

Es zieht

Die Halle war zum Brechen voll, meistens ältliche Damen. Es handelte sich um eine Art neuer Religion oder Sekte. Einer der Redner, nur mit Turban und Lendentuch bekleidet, stand auf. Er sprach gefühlvoll von der Macht des Geistes über die Materie, der Psyche über den Körper.

Alle lauschten gebannt. Schließlich kehrte der Redner auf seinen Platz mir gegenüber zurück. Sein Nachbar wandte sich ihm zu und fragte in einem lauten Flüstern: »Glauben Sie wirklich, was Sie gesagt haben, dass der Körper nichts fühlt, dass sich alles im Geist abspielt und dass der Geist bewusst durch den Willen beeinflusst werden kann?«

Der Scharlatan erwiderte in frommer Überzeugung: »Natürlich glaube ich das.«

Darauf der Nachbar: »Würden Sie dann bitte mit mir den Platz tauschen? Ich sitze nämlich genau im Durchzug.«

Man hat zu tun

Den Schülern, die stets nach Worten der Weisheit verlangten, sagte der Meister: »Weisheit wird nicht in Worten ausgedrückt, sie offenbart sich im Handeln.«

Aber als er sah, wie sie sich Hals über Kopf in Betriebsamkeit stürzten, lachte er laut und sagte: »Das ist nicht Handeln, das ist Bewegung.«

Zugvogels sicheres Fundament

Goldbergs Garten

Goldberg hatte den schönsten Garten in der Stadt, und jedes Mal, wenn der Rabbi vorbeiging, rief er Goldberg zu: »Dein Garten ist ein Schmuckstück. Der Herr und du, ihr beide seid Partner!«
»Danke, Rabbi«, pflegte Goldberg mit einer Verbeugung zu antworten.
So ging das Tage und Wochen und Monate. Mindestens zweimal täglich pflegte der Rabbi auf dem Hin- und Rückweg zur Synagoge hinüberzurufen: »Der Herr und du, ihr beide seid Partner«, bis Goldberg sich über die als Kompliment gemeinten Worte des Rabbi zu ärgern begann.
Als dieser also wieder einmal sagte: »Der Herr und du, ihr beide seid Partner«, erwiderte Goldberg: »Das mag schon stimmen, aber Ihr hättet den Garten sehen sollen, als ihn der Herr allein besaß.«

Das dröhnende Lachen

Von dem großen Zen-Meister Rinzai wird erzählt, dass er jeden Abend vor dem Zubettgehen ein dröhnendes Lachen von sich gab, das in allen Gängen widerhallte und überall in den Klostergebäuden zu hören war.
Und das erste, was er tat, wenn er bei Morgengrauen aufwachte, war schallend zu lachen, laut genug, um jeden Mönch auch aus dem tiefsten Schlaf zu wecken.
Seine Schüler fragten ihn immer wieder, warum er lachte, aber er wollte es ihnen nicht sagen. Und als er starb, nahm er das Geheimnis seines Lachens mit ins Grab.

Zugvogels sicheres Fundament

Beten verboten

Eine Kirche oder Synagoge braucht Geldspenden, wenn sie weiterbestehen will. Aber es gab einmal eine jüdische Synagoge, die keinen Klingelbeutel zirkulieren ließ, wie es in christlichen Kirchen üblich ist. Sie versuchte, Geld zu beschaffen, indem sie Eintrittskarten für reservierte Plätze an Feiertagen verkaufte, denn dann war die Gemeinde am zahlreichsten vertreten, und die Leute spendeten großzügig.

An einem solchen Feiertag kam ein Junge zur Synagoge. Er suchte seinen Vater, aber die Platzanweiser wollten ihn nicht hineinlassen, weil er keine Eintrittskarte hatte.

»Hören Sie«, sagte der Junge, »es geht um eine ernste Sache.«

»Das sagen sie alle«, erwiderte der Platzanweiser.

Der Junge war ganz verzweifelt und begann zu bitten: »Bitte, Sir, lassen Sie mich hinein. Es geht um Leben und Tod. Ich werde nur eine Minute drinbleiben.«

Der Türsteher gab nach. »Okay, wenn es so wichtig ist«, sagte er, »aber lass dich nicht beim Beten erwischen!«

Redners Trost

»Es war sehr freundlich von Ihnen, bis zum Ende meiner Rede zu bleiben, obgleich alle anderen hinausgingen.«

»Nett, dass Sie das sagen. Aber wissen Sie, ich bin der nächste Redner.«

Zugvogels sicheres Fundament

Kopf oder Zahl

Der große japanische General Nobunaga beschloss anzugreifen, obgleich seine Männer nur im Verhältnis eins zu zehn denen des Feindes gegenüberstanden. Er war von seinem Sieg überzeugt, aber seine Soldaten waren voller Zweifel. Auf dem Weg in die Schlacht hielten sie an einem Shinto-Schrein. Nachdem Nobunaga dort gebetet hatte, kam er heraus und sagte:»Ich werde nun eine Münze werfen. Wenn es Kopf ist, werden wir gewinnen, wenn Zahl, verlieren wir. Das Schicksal wird sich uns zu erkennen geben.«

Er warf die Münze. Es war Kopf. Die Soldaten waren so kampfbesessen, dass sie die Schlacht mit Leichtigkeit gewannen.

Am nächsten Tag sagte ein Adjutant zu Nobunaga:»Niemand kann den Weg des Schicksals ändern.«

»Ganz richtig«, erwiderte Nobunaga und zeigte ihm eine gefälschte Münze, die auf beiden Seiten einen Kopf trug.

Die Mannschaftsbeter

Die katholische Fußballmannschaft war unterwegs zu einem wichtigen Spiel. Ein Reporter stieg in den Zug und fragte nach dem Trainer.

»Wie ich gehört habe«, sagte der Reporter, »haben Sie einen Kaplan dabei, der für den Erfolg der Mannschaft betet. Würden Sie mich ihm bitte vorstellen?«

»Es wäre mir ein Vergnügen«, antwortete der Trainer, »welchen möchten Sie sprechen, den Angriffs- oder den Verteidigungskaplan?«

Zugvogels sicheres Fundament

Der tiefe Sinn des Walnussholzes

Wie Jesus vor Jahrhunderten, warnte der Meister die Leute vor der Religion, weil sie, sich selbst überlassen, blinden Gesetzesgehorsam rechtfertigt. Und so erklärte er dies: Ein Unteroffizier fragte während der Gewehrausbildung eine Gruppe Rekruten, warum für den Gewehrschaft Walnussholz verwendet wird.

»Weil es widerstandsfähiger ist«, antwortete einer.

»Falsch!«

»Weil es eine größere Elastizität hat«, sagte ein anderer.

»Auch falsch!«

»Vielleicht weil es glatter ist als andere Hölzer«, sagte ein dritter.

»Mach dich nicht lächerlich!«, sagte der Unteroffizier. »Walnussholz wird deshalb verwendet, weil es in den Vorschriften steht.«

Schweigende Worte

Als ein Mann, dessen Ehe nicht gut ging, seinen Rat suchte, sagte der Meister: »Du musst lernen, deiner Frau zuzuhören.«

Der Mann nahm sich diesen Rat zu Herzen und kam nach einem Monat zurück und sagte, er habe gelernt, auf jedes Wort, das seine Frau sprach, zu hören.

Sagte der Meister mit einem Lächeln: »Nun geh nach Hause und höre auf jedes Wort, das sie nicht sagt.«

Zugvogels sicheres Fundament

Liebe mit Handbremse

»Warum sprichst du ständig von meinen früher begangenen Fehlern?«, sagte der Ehemann. »Ich dachte, du hättest sie vergeben und vergessen.«

»Ich habe tatsächlich vergeben und vergessen«, antwortete die Ehefrau, »aber ich möchte sicher sein, dass du nicht vergisst, dass ich vergeben und vergessen habe.«

~

Ein Dialog:
Jünger: »Denk nicht an meine Sünden, o Herr!«
Herr: »Sünden? Welche Sünden? Da wirst du meinem Gedächtnis nachhelfen müssen. Ich habe sie schon seit Urzeiten vergessen.«
Liebe führt nicht Buch über Kränkungen.

Mutters Stolz

Als der Meister einmal über die problematischen Bindungen zwischen Eltern und Kindern befragt wurde, erzählte er, wie er einmal in einem Einkaufsmarkt einer Frau begegnete, die einen Kinderwagen schob, in dem zwei kleine Jungen saßen.

»Was für zwei reizende Kinder Sie haben«, sagte der Meister. »Wie alt sind sie denn?«

»Der Arzt«, sagte die Frau, »ist drei Jahre und der Rechtsanwalt zwei.«

Zugvogels sicheres Fundament

Der Wassermelonenfall

Drei Jungen, die beschuldigt wurden, Wassermelonen gestohlen zu haben, wurden vor Gericht gebracht und schauten in schlimmer Erwartung unruhig auf den Richter, der als strenger Mann bekannt war.

Doch war er auch ein kluger Pädagoge. Er klopfte mit seinem Hammer auf den Tisch und sagte: »Jeder hier Anwesende, der als Junge nie eine Wassermelone gestohlen hat, möge bitte die Hand heben.« Er wartete. Die Gerichtsbeamten, die Polizisten, die Zuschauer und der Richter selbst ließen ihre Hände vor sich auf den Bänken liegen.

Nachdem er sich überzeugt hatte, dass sich nicht eine einzige Hand erhoben hatte, sagte der Richter: »Fall abgewiesen.«

Der Schmeichler des Königs

Der Philosoph Diogenes aß zum Abendbrot Linsen. Das sah der Philosoph Aristippos, der ein angenehmes Leben führte, indem er dem König schmeichelte.

Sagte Aristippos: »Wenn du lernst, dem König gegenüber unterwürfig zu sein, müsstest du nicht von solchem Abfall wie Linsen leben.«

Sagte Diogenes: »Wenn du gelernt hättest, mit Linsen auszukommen, brauchtest du nicht dem König zu schmeicheln.

Zugvogels sicheres Fundament

Aus dem Bett gefallen

Der glücklose Börsenmakler verlor sein Vermögen und kam in das Kloster, um inneren Frieden zu finden. Aber er war zu verzweifelt, um zu meditieren.

Nachdem er gegangen war, sagte der Meister einen einzigen Satz als trockenen Kommentar: »Diejenigen, die auf dem Fußboden schlafen, fallen nie aus ihren Betten.«

Alles oder nichts

Der Meister sprach über das Leben. Eines Tages erzählte er, er habe einen Piloten getroffen, der während des Zweiten Weltkriegs Arbeiter aus China nach Burma flog, die dort im Dschungel Straßen bauten. Der Flug war lang und langweilig, und daher begannen die Arbeiter zu spielen. Da sie kein Geld hatten, um das sie spielen konnten, setzten sie ihr Leben. Der Verlierer sprang ohne Fallschirm aus der Maschine.

»Wie schrecklich!«, riefen die entsetzten Schüler.

»Das stimmt«, sagte der Meister, »aber dadurch wurde das Spiel aufregend.«

Später am Tag sagte er: »Man lebt nie so aus dem vollen, als wenn man mit seinem Leben spielt.«

Zugvogels sicheres Fundament

Die Vorsehung im Austernrestaurant

»Wie lernt man, auf die Vorsehung zu vertrauen?« »Auf die Vorsehung vertrauen«, sagte der Meister, »ist, wie in ein teures Restaurant zu gehen ohne einen Cent in der Tasche und dutzendweise Austern zu essen in der Hoffnung, eine Perle zu finden, um damit die Rechnung zu bezahlen.«

Was den Holzfäller fertig macht

Es war einmal ein erschöpfter Holzfäller, der Zeit und Kraft verschwendete, weil er mit einer stumpfen Axt einschlug. Denn wie er sagte, habe er keine Zeit, die Schneide zu schärfen.

Die Wirklichkeit erkennt man wie Musik

Der Meister trat entschieden für »Gedanken-freie«, »Erkenntnislose«, Kontemplation ein, als einen Weg, die Wirklichkeit zu erkennen.
»Wie kann man die Wirklichkeit erkennen im Nicht-Erkennen?«, fragte ein Schüler.
»In der Weise, in der man Musik erkennt«, sagte der Meister.

Zugvogels sicheres Fundament

Sehr gut, sehr gut

In einem Fischerdorf bekam ein Mädchen ein uneheliches Kind, und nach vielen Schlägen gab sie endlich den Namen des Kindsvaters preis: der Zen-Meister, der den ganzen Tag im Tempel außerhalb des Dorfes meditierte.

Die Eltern des Mädchens, begleitet von vielen Dorfbewohnern, begaben sich zu dem Tempel, unterbrachen rücksichtslos des Meisters Meditation, beschimpften ihn wegen seiner Heuchelei und erklärten, da er der Vater des Kindes war, sollte er nun auch die Last der Erziehung tragen. Der Meister antwortete nur: »Sehr gut, sehr gut.«

Als die Menge abgezogen war, hob er das Baby vom Boden auf und vereinbarte mit einer Frau aus dem Dorf, das Kind auf seine Kosten zu nähren und zu kleiden.

Der Ruf des Meisters war ruiniert. Niemand kam mehr zu ihm, um sich unterweisen zu lassen.

Als schließlich ein ganzes Jahr vergangen war, konnte es das Mädchen, das das Kind geboren hatte, nicht mehr länger aushalten und bekannte, dass es gelogen hatte. Der Vater des Kindes war der Nachbarjunge.

Die Eltern und Dorfbewohner waren sehr zerknirscht. Sie warfen sich dem Meister zu Füßen, um seine Vergebung zu erhalten, und baten, ihnen das Kind zurückzugeben. Und er sagte nichts weiter als: »Sehr gut, sehr gut.«

Zugvogels sicheres Fundament

Schöne Nonne Ryonen

Die buddhistische Nonne Ryonen wurde im Jahre 1779 geboren. Der berühmte japanische Krieger Shingen war ihr Großvater. Sie galt als das schönste Mädchen Japans und als Dichterin von Rang. So wurde sie schon im Alter von siebzehn Jahren auserwählt, am königlichen Hof zu dienen, wo sie eine große Zuneigung zu Ihrer Majestät, der Kaiserin, entwickelte. Nun starb die Kaiserin eines plötzlichen Todes, und Ryonen machte eine tiefe geistliche Entwicklung durch: Ihr wurde plötzlich bewusst, wie flüchtig alle Dinge sind. Deshalb entschloss sie sich, Zen zu studieren.

Aber ihre Familie wollte davon nichts wissen. Man zwang sie praktisch zu einer Heirat, aber vorher hatte sie sich das Versprechen geben lassen, dass es ihr frei stünde, Nonne zu werden, wenn sie ihrem Mann drei Kinder geboren hätte. Diese Bedingung wurde erfüllt, als sie 25 Jahre alt war. Dann konnten sie weder die Bitten ihres Mannes noch irgendetwas auf der Welt von der Aufgabe abhalten, an die sie ihr Herz gehängt hatte. Sie rasierte ihren Kopf kahl, nahm den Namen Ryonen an – das heißt: Klar verstehen – und begann ihre Suche.

Ryonen kam zu der Stadt Edo und bat den Meister Tetsugyu, sie als Schülerin anzunehmen. Er warf ihr einen Blick zu und wies sie ab, weil sie zu schön war. Also ging sie zu einem anderen Meister, Hakuo. Er wies sie aus dem gleichen Grund ab: Ihre Schönheit, sagte er, würde nur Unruhe stiften. Darauf brannte Ryonen ihr Gesicht mit einem glühenden Eisen und zerstörte dadurch für immer ihre körperliche Schönheit. Als sie zu Hakuo zurückkam, nahm er sie als Schülerin an.

Ryonen schrieb ein Gedicht auf die Rückseite eines kleinen Spiegels zur Erinnerung an dieses Ereignis:

Zugvogels sicheres Fundament

Als Magd meiner Kaiserin verbrannte ich Weihrauch,
um meinen schönen Kleidern Duft zu verleihen.
Nun, als heimatloser Bettler verbrenne ich mein Gesicht,
um die Welt des Zen zu betreten.
Als sie wusste, dass ihre Zeit gekommen war, um aus dieser Welt zu
scheiden, schrieb sie noch ein Gedicht:
Sechsundsechzigmal haben diese Augen die Schönheit des Herbstes gesehen ... Verlange nichts mehr.
Lausche nur noch dem Laut der Kiefern, wenn kein Windhauch
sich rührt.

Vergiss und lach!

Als der Meister ein Schuljunge war, quälte ihn andauernd ein Klassenkamerad.
Älter geworden und reumütig, besuchte dieser das Kloster und wurde mit offenen Armen empfangen.
Eines Tages kam er auf das Thema seiner früheren Quälsucht zu sprechen, doch der Meister schien nichts mehr davon zu wissen.
Sagte der Besucher: »Erinnerst du dich nicht?«
Sagte der Meister: »Ich erinnere mich genau, dass ich es vergessen habe.«
Und beide schüttelten sich vor Lachen.

Zugvogels sicheres Fundament

Mord aus Gewohnheit

Mr. Smith hatte seine Frau umgebracht, und er rechtfertigte sich mit vorübergehender Unzurechnungsfähigkeit. Er war im Zeugenstand und sein Anwalt ersuchte ihn, das Verbrechen mit seinen Worten zu schildern.

»Euer Ehren«, sagte er, »ich bin ein ruhiger Mann mit festen Gewohnheiten, der mit der ganzen Welt in Frieden lebt. Jeden Tag wache ich um 7 Uhr auf, frühstücke um 7.30, beginne um 9 Uhr mit der Arbeit, höre um 17 Uhr auf, komme um 18 Uhr nach Hause, finde das Abendessen auf dem Tisch, esse, lese die Zeitung, sehe fern und gehe dann ins Bett. Bis zu jenem bewussten Tage...«

Hier begann er schneller zu atmen, und sein Gesicht zeigte Wut.

»Fahren Sie fort«, sagte der Rechtsanwalt ruhig. »Sagen Sie dem Gericht, was passierte.«

»An dem fraglichen Tag erwachte ich um 7 Uhr wie gewöhnlich, frühstückte um 7.30 Uhr, begann um 9 Uhr mit der Arbeit, hörte um 17 Uhr auf, kam um 18 Uhr nach Hause und entdeckte empört, dass das Essen nicht mehr auf dem Tisch stand. Von meiner Frau auch keine Spur. Ich durchsuchte das Haus und fand sie mit einem fremden Mann im Bett. Da erschoss ich sie.«

»Beschreiben Sie Ihre Gefühle, als Sie sie töteten«, sagte der Anwalt, bestrebt, seine Ansicht durchzusetzen.

»Ich befand mich in einem Zustand hemmungsloser Wut. Ich schnappte einfach über. Euer Ehren, Damen und Herren der Jury«, schrie er und schlug mit der Faust auf seine Stuhllehne. »Wenn ich um 18 Uhr nach Hause komme, verlange ich unbedingt, dass mein Essen fertig auf dem Tisch steht!«

Zugvogels sicheres Fundament

Eine tolle Erfindung

Eine Lehrerin behandelte in einer Schulstunde moderne Erfindungen.

»Kann einer von euch eine wichtige Sache nennen, die es vor fünfzig Jahren noch nicht gab?«, fragte sie.

Ein heller Kopf in der ersten Reihe hob eifrig die Hand und sagte: »Mich!«

Eine unbekannte Krankheit

Als jemand bekannt gab, dass er zum Doktor der Theologie promoviert wurde, sagte der Meister, dem der Schalk im Nacken saß, mit einer Unschuldsmiene: »Ein Doktor der *Theologie?* Was für eine Art von Krankheit ist das?«

Die Bühnenarbeiter und der Chor

Der Chor hielt seine Generalprobe in einem Höllenlärm, weil die Bühnenarbeiter dabei waren, letzte Hand an die Bühnenaufbauten zu legen.

Als ein junger Bursche so laut darauf loshämmerte, dass der Krach unerträglich wurde, klopfte der Dirigent ab und warf ihm einen flehenden Blick zu.

»Singen Sie ruhig weiter«, rief der fröhliche Arbeiter, »es stört mich nicht im geringsten!«

Zugvogels sicheres Fundament

Der Schatz in der Küche

Eine chassidische Geschichte: Eines Nachts wurde dem Rabbi Isaak im Traum gesagt, er solle in das weit entfernte Prag reisen und dort unter der Brücke, die zum Königspalast führt, nach einem verborgenen Schatz graben. Er nahm den Traum nicht ernst, aber als er ihn fünf bis sechsmal hintereinander träumte, entschloss er sich, die Suche nach dem Schatz aufzunehmen.

Als er zu der Brücke kam, fand er sie zu seinem Entsetzen Tag und Nacht schwer bewacht von Soldaten. Er konnte lediglich aus der Entfernung auf die Brücke starren. Aber da er sich jeden Morgen dort einstellte, trat der Hauptmann der Wache eines Tages zu ihm und fragte nach dem Grund. Rabbi Isaak war zwar verlegen, dass er einer fremden Seele seinen Traum erzählen sollte, aber da ihm der gutmütige Christ sympathisch war, offenbarte er sich ihm. Der Hauptmann brüllte vor Lachen und sagte:

»Großer Gott! Ihr seid ein Rabbi und Ihr nehmt Träume ernst? Wenn ich so dumm wäre, um mich nach meinen Träumen zu richten, würde ich heute in Polen herumwandern. Ich will Euch einen erzählen, den ich letzte Nacht hatte und der häufig wiederkehrt: eine Stimme sagte mir, ich solle nach Krakau gehen und in der Küchenecke eines gewissen Isaak, Sohn des Ezechiel, nach einem Schatz graben! Wäre es nicht die dümmste Sache der Welt, in Krakau nach einem Mann namens Isaak zu suchen, und nach einem anderen, der Ezechiel heißt, wenn dort die Hälfte der männlichen Bevölkerung den einen Namen trägt und die andere Hälfte den anderen?«

Der Rabbi war starr vor Staunen. Er dankte dem Hauptmann für seinen Rat, eilte nach Hause, grub ein Loch in seiner Küche und fand dort einen so großen Schatz, dass er bis zu seinem Tode ein sorgenfreies Leben führen konnte.

Zugvogels sicheres Fundament

Wenn die Maus zum Panther wird

Nach einer alten indischen Fabel lebte eine Maus in ständiger Sorge, weil sie Angst vor der Katze hatte. Ein Zauberer hatte Mitleid mit ihr und verwandelte sie in eine Katze. Aber dann hatte sie Angst vor dem Hund. Also verwandelte sie der Zauberer in einen Hund. Da begann sie den Panther zu fürchten, also verwandelte sie der Zauberer in einen Panther. Nun hatte sie Angst vor dem Jäger.

Da gab der Zauberer auf. Er verwandelte sie wieder in eine Maus und sagte: »Nichts, was ich für dich tun kann, wird dir helfen, denn du hast das Herz einer Maus.«

Zugvogels sicheres Fundament

OKTOBER

Alte Liebe

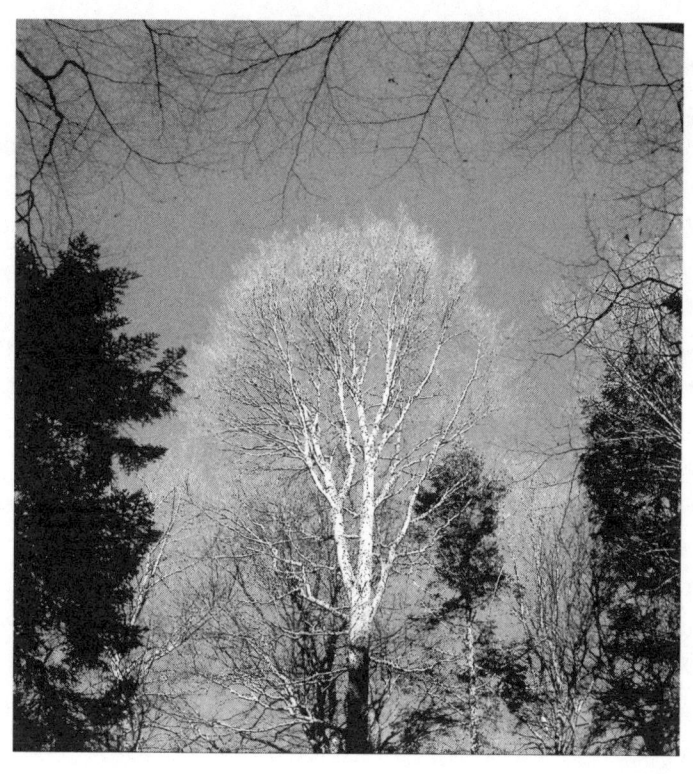

Alte Liebe

Es war der Tag der goldenen Hochzeit. Das Paar war den ganzen Tag über mit den vielen Verwandten und Freunden, die vorbeikamen, um zu gratulieren, auf Trab gehalten worden. So waren beide froh, als sie gegen Abend allein vor dem Haus sitzen und der untergehenden Sonne zusehen konnten, um sich von dem anstrengenden Tag zu erholen.

Der alte Mann blickte seine Frau liebevoll an und sagte: »Agatha, ich bin stolz auf dich!«

»Was hast du gesagt?«, fragte die alte Dame. »Du weißt doch, ich höre schlecht. Sprich lauter.«

»Ich sagte, ich bin stolz auf dich.«

»Macht nichts«, erwiderte sie mit einer abfälligen Handbewegung, »ich habe dich auch satt!«

~

Der Arzt beugte sich über die leblose Gestalt im Bett. Dann richtete er sich auf und sagte: »Es tut mir leid, aber ich muss Ihnen sagen, Ihr Mann lebt nicht mehr, meine Liebe.«

Von der leblosen Gestalt im Bett kam ein schwacher Protest: »Doch, ich lebe noch.«

»Halt den Mund«, sagte die Frau, »der Arzt weiß das besser als du.«

Alte Liebe

Die Stationen der Lebensretter

An einer felsigen Küste, an der Schiffbrüchige häufig waren, gab es früher eine kleine baufällige Lebensrettungsstation. Es war eigentlich nur eine Hütte, und es gab nur ein Boot, aber die wenigen Mann Besatzung nahmen ihre Aufgabe sehr ernst, hatten ständig ein wachsames Auge auf das Meer und fuhren furchtlos auch bei stürmischer See aus, wenn sie einen Hinweis auf ein Schiffsunglück hatten, ohne Rücksicht auf sich und ihre Sicherheit. Viele Menschenleben wurden so gerettet und die Station wurde berühmt.

Je bekannter sie wurde, desto mehr wollten die Bewohner der Umgebung an ihrer hervorragenden Arbeit teilhaben. Großzügig boten sie Zeit und Geld an, neue Mitglieder wurden geworben, neue Boote gekauft und neue Mannschaften ausgebildet. Auch die Hütte wurde durch ein komfortables Gebäude ersetzt, das den Bedürfnissen der geretteten Schiffbrüchigen gerecht wurde, und da Schiffsunglücke nicht jeden Tag vorkamen, wurde es zu einem beliebten Treffpunkt, einer Art lokalem Klub. Mit der Zeit waren die Mitglieder so mit ihren gesellschaftlichen Belangen beschäftigt, dass das Interesse an der Rettung Schiffbrüchiger abnahm, obgleich sie stolz eben dieses Motto auf ihren Abzeichen trugen. Wenn aber tatsächlich Menschen aus der See gerettet wurden, empfand man sie als Belästigung, weil sie schmutzig waren, sich erbrachen und Teppiche und Mobiliar verunreinigten.

Bald nahmen die gesellschaftlichen Betätigungen des Klubs so zu, und die Aktivitäten zur Lebensrettung so ab, dass in einer Klubversammlung darüber debattiert wurde, wobei einige Mitglieder darauf bestanden, zu dem ursprünglichen Zweck und der eigentlichen Aufgabe zurückzukehren. Es wurde abgestimmt, und die

Alte Liebe

Unruhestifter, die sich als kleine Minderheit herausstellte, wurden aufgefordert, den Klub zu verlassen und einen anderen zu gründen.

Und genau das taten sie, etwas weiter südlich an der gleichen Küste und zwar mit einer solchen Selbstlosigkeit und Kühnheit, dass sie nach kurzer Zeit durch ihren heldenhaften Einsatz berühmt wurden. Daraufhin nahm ihre Mitgliederzahl zu, ihre Hütte wurde ausgebaut ... und ihr Idealismus verkümmerte. Wer heute zufällig an diese Küste kommt, findet dort eine Anzahl exklusiver Klubs. Jeder ist zu Recht stolz auf seinen Anfang und seine Tradition.

Es gibt immer noch Schiffbrüchige in dieser Gegend, aber das scheint niemand weiter zu bekümmern.

Wer den Fluss nasser machen will

So paradox es scheint, behauptete der Meister doch stets, der wahre Reformer erkenne, dass alles, so wie es ist, vollendet ist und sei daher auch fähig, nicht daran zu rühren.

»Warum will er dann überhaupt irgendetwas reformieren?«, wunderten sich die Schüler.

»Nun, es gibt solche und solche Reformer: Die eine Art bleibt selbst untätig, aber offen für den Strom des Geschehens. Solche Menschen ändern Richtung und Verlauf des Flusses. Die anderen produzieren selbst ihre Tätigkeit; sie ähneln denen, die mit viel Getöse den Fluss nasser machen wollen.«

Alte Liebe

Weltmesse der Religionen

Mein Freund und ich gingen auf die Weltmesse der Religionen. Keine Handelsmesse, eine religiöse Messe. Aber der Wettbewerb war genauso verbissen, die Reklame genauso laut.

Am jüdischen Stand erhielten wir Prospekte, die besagten, Gott sei allbarmherzig und die Juden seien sein auserwähltes Volk.

Am islamischen Stand erfuhren wir, Gott sei voller Gnade und Mohammed sein Prophet. Das Heil erlange man, wenn man auf den einzigen Propheten Gottes höre.

Am christlichen Stand entdeckten wir, dass Gott die Liebe sei und es außerhalb der Kirche keine Rettung gäbe. Nur ein Mitglied der Kirche läuft nicht die Gefahr ewiger Verdammnis.

Beim Hinausgehen fragte ich meinen Freund: »Was hältst du von Gott?«

Er erwiderte: »Er ist engstirnig, fanatisch und grausam.«

Wieder zu Hause fragte ich Gott: »Was hältst du von einer solchen Sache, Herr? Merkst du nicht, dass man dich jahrhundertelang in Misskredit gebracht hat?«

Gott sagte: »Ich habe die Messe nicht organisiert. Ich hätte mich geniert, auch nur hinzugehen.«

Alte Liebe

Warum der Gouverneur nicht fertig wird

Als Calvin Coolidge Präsident der Vereinigten Staaten war, sah er täglich eine Menge Leute. Die meisten hatten irgendwelche Beschwerden vorzutragen.

Eines Tages sagte ein Gouverneur dem Präsidenten, dass er nicht verstehe, wie er es fertig bringe, so viele Leute in wenigen Stunden anzuhören.

»Sie sind immer zur Essenszeit mit Ihren Besuchern fertig«, sagte der Gouverneur, »während ich oft bis Mitternacht in meinem Büro bin.«

»Ja«, sagte Coolidge, »das kommt daher, weil Sie reden.«

Lieben Suppie?

Auf dem Abschlussessen einer internationalen Konferenz wandte sich der amerikanische Delegierte zu dem neben ihm sitzenden chinesischen Abgeordneten, zeigte auf die Suppe und fragte etwas herablassend: »Lieben Suppie?«

Der Chinese nickte eifrig.

Später hieß es dann: »Lieben Fischie, und lieben Fleischie?« – und immer war die Antwort ein freundliches Nicken.

Am Ende des Essens stellte der Vorsitzenden der Konferenz den Gastredner des Abends vor – keinen anderen als den Chinesen, der eine geistreiche, humorvolle Rede in untadeligem Englisch hielt zum großen Erstaunen seines amerikanischen Nachbarn.

Als der Vortrag beendet war, wandte sich der Redner seinem Nachbarn zu und fragte, amüsiert lächelnd: »Lieben Redie?«

Alte Liebe

Die theoretische Führungskraft

Ein Manager, der gerade von einem Motivationsseminar zurückgekommen war, bestellte einen Angestellten in sein Büro und sagte: »Von heute an sollen Sie Ihre Arbeit selbst planen und kontrollieren. Ich bin überzeugt, dies wird die Produktion beträchtlich erhöhen.«

»Bekomme ich auch mehr Geld?«, fragte der Angestellte.

»Aber nein. Geld ist keine Motivation, und eine Gehaltserhöhung bringt Ihnen keine Befriedigung.«

»Wenn die Produktion nun wirklich steigt, bekomme ich dann mehr Geld?«

»Hören Sie«, sagte der Manager, »offensichtlich verstehen Sie die Motivationstheorie nicht. Nehmen Sie dieses Buch mit nach Hause, und lesen Sie es; Sie werden daraus lernen, was Sie wirklich motiviert.«

Beim Hinausgehen fragte der Mann: »Wenn ich das Buch gelesen habe, bekomme ich dann mehr Geld?«

Die Beschlusshanseln

Der Präsident des größten Bankenkonsortiums der Welt lag im Krankenhaus. Einer der Vizepräsidenten besuchte ihn und sagte: »Ich bringe Ihnen die guten Wünsche des Aufsichtsrates für Ihre Genesung, auf dass Sie hundert Jahre alt werden mögen. Das ist ein offizieller Beschluss, der mit einer Mehrheit von fünfzehn zu sechs Stimmen bei zwei Enthaltungen angenommen wurde.«

Alte Liebe

Motto im Mülleimer

Ein Bettler zupfte einen Passanten am Ärmel und bat um Geld, weil er sich eine Tasse Kaffee kaufen wollte. Und das war seine Geschichte: »Es gab eine Zeit, mein Herr, da war ich ein reicher Kaufmann, genau wie Ihr. Den ganzen Tag arbeitete ich hart. Auf meinem Schreibtisch stand der Leitspruch: *kreativ denken, entschlossen handeln, gefährlich leben*. Nach diesem Motto lebe ich – und das Geld strömte nur so herein. Und dann ... und dann ... (der Bettler zitterte vor Schluchzen) ... warf die Putzfrau mein Motto in den Mülleimer.«

Die gute Fee von der Themse

Jemand fragte mich einmal: »Wie ist denn Erleuchtetsein? Wie ist es denn, wach geworden zu sein?«

Es ist wie mit dem Landstreicher in London, der sich für die Nacht einrichtete. Kaum eine Brotkruste hatte er zu essen bekommen. Er erreichte das Ufer der Themse. Im leichten Nieselregen zog er seinen zerschlissenen Mantel fester um sich.

Er wollte gerade einschlafen, als auf einmal ein Rolls-Royce mit Chauffeur anhielt. Eine schöne junge Dame stieg aus und sagte zu ihm: »Sie armer Mann, wollen Sie etwa die Nacht hier am Ufer verbringen?«

Darauf erwiderte der Landstreicher: »Ja.«

Die Frau entgegnete: »Das werde ich nicht zulassen. Sie kommen mit in mein Haus und werden dort bequem übernachten, nachdem Sie gut zu Abend gegessen haben.« Sie bestand darauf, dass er einstieg.

Alte Liebe

Also fuhren sie aus London hinaus und kamen zu einer großen Villa in einem weiten Park. Dem Butler, der sie ins Haus führte, sagte die Dame: »James, sorgen Sie bitte dafür, dass er ein Dienstbotenzimmer bekommt und es ihm an nichts fehlt.« James tat, wie ihm geheißen.

Die junge Dame hatte bereits die Kleider abgelegt, um ins Bett zu gehen, als ihr plötzlich wieder ihr Übernachtungsgast einfiel. Also zog sie sich etwas über und ging den Gang entlang zu den Dienstbotenzimmern. Unter der Tür des Landstreichers fiel ein Lichtstreifen hindurch. Sie klopfte behutsam an die Tür, öffnete sie und sah, dass der Mann noch wach war. Sie sagte zu ihm: »Was ist, guter Mann, haben Sie kein rechtes Essen bekommen?« Darauf erwiderte er: »In meinem ganzen Leben habe ich noch kein besseres Essen gehabt, meine Dame.« – »Haben Sie es warm genug?« – »Ja, ein schönes, warmes Bett.« – »Vielleicht brauchen Sie ein bisschen Gesellschaft. Wollen sie nicht ein Viertelstündchen zu mir herüberkommen?«

Dann rückte sie näher zu ihm, und er rutschte näher zu ihr und fiel genau in die Themse.

11. OKTOBER

Ballett betend

Der Meister saß mit seinen Schülern unter den Zuschauern. Er sagte: »Ihr habt so manches Gebet *gehört*, und so manches Gebet *gesprochen*. Heute Abend sollt ihr ein Gebet *sehen*.«

In diesem Augenblick hob sich der Vorhang, und das Ballett begann.

Alte Liebe

Lulu

Der Besucher einer Irrenanstalt sah, wie einer der Insassen auf einem Stuhl saß, sich ständig hin- und herwiegte und mit sanfter, zufriedener Stimme wiederholte: »Lulu, Lulu, Lulu.«

»Was hat der Mann für ein Problem?«, fragte er den Arzt.

»Lulu. Sie war die Frau, die ihn sitzen gelassen hat«, antwortete der Doktor.

Als sie die Runde fortsetzten, kamen sie zu einer Gummizelle, deren Bewohner seinen Kopf immer wieder gegen die Wand schlug und stöhnend wiederholte: »Lulu, Lulu, Lulu.«

»Ist Lulu auch das Problem dieses Mannes?«, fragte der Besucher.

»Ja«, erwiderte der Arzt, »ihn hat Lulu schließlich geheiratet.«

~

Es gibt eigentlich nur zwei Heimsuchungen im Leben:
nicht zu bekommen, was man sich wünscht,
und das, was man sich wünscht, zu bekommen.

Der Tanz des Rabbi

Die Juden einer kleinen Stadt in Russland erwarteten ungeduldig die Ankunft eines Rabbi. Das kam nicht oft vor, und deshalb dachten sie lange über die Fragen nach, die sie dem heiligen Mann stellen wollten.

Als er schließlich kam und sie mit ihm in der großen Halle der Stadt zusammentrafen, konnte er die Spannung spüren, mit der sie seine Antworten auf ihre Fragen erwarteten.

Alte Liebe

Zuerst sagte er nichts; er blickte ihnen nur in die Augen und summte eine schwermütige Melodie. Bald begannen alle zu summen. Er fing an zu singen, und alle sangen mit ihm. Er wiegte seinen Körper und tanzte mit feierlichen, abgemessenen Schritten. Die Gemeinde folgte seinem Beispiel. Bald waren sie so sehr von dem Tanz gefangen, so sehr in die Bewegungen vertieft, dass sie auf nichts anderes mehr achteten. Auf diese Weise wurde jeder in der Menge wieder ganz, wurde von der inneren Zersplitterung geheilt, die uns von der Wahrheit fern hält.

Fast eine Stunde verging, ehe der Tanz langsam aufhörte. Die Spannung in ihrem Inneren war gewichen, und jeder verharrte in dem schweigenden Frieden, der den Raum erfüllte. Dann sagte der Rabbi die einzigen Worte, die an jenem Abend über seine Lippen kamen: »Ich hoffe, ich habe eure Fragen beantwortet.«

14. OKTOBER

Der taktlose Dirigent

Ein reicher Mann beschloss, sich einen lebenslangen Traum zu erfüllen, nämlich ein Orchester zu dirigieren. Also mietete er einen Schlagzeuger, drei Saxophonisten und vierundzwanzig Geiger. Bei der ersten Probe dirigierte er so schlecht, dass der Schlagzeuger die anderen Musiker aufforderte, gemeinsam die Probe zu verlassen.

Aber einer der Saxophonisten sagte: »Warum sollen wir gehen? Er bezahlt uns gut. Und außerdem muss er doch irgendetwas von Musik verstehen.«

Bei der nächsten Probe konnte der Dirigent nicht Takt halten. Daraufhin begann der Schlagzeuger wie wild die Trommel zu schlagen. Der Dirigent klopfte ab, blickte die Musiker wütend an und fragte: »Wer war das?«

Alte Liebe

Ein schwaches Publikum

Der englische Dramatiker Oscar Wilde kam spät nachts in seinen Club, nachdem er der Premiere eines seiner Stücke beigewohnt hatte, das durchgefallen war. Hier fragte man ihn: »Wie ging es mit deinem Stück heute Abend, Oscar?«

Wilde antwortete: »Das Stück war ein großer Erfolg. Die Zuschauer waren ein Misserfolg.«

Die Sanierung des Verschwenders

Ein junger Mann verschwendete all seinen ererbten Reichtum. Wie üblich in solchen Fällen war mit seinem letzten Pfennig auch der letzte Freund verschwunden.

Als er sich nicht mehr zu helfen wusste, suchte er den Meister auf und sagte: »Was soll aus mir werden? Ich habe weder Geld noch Freunde.«

»Mach dir keine Sorgen, Sohn. Hör auf meine Worte: Alles wird wieder ins Reine kommen.«

In des jungen Mannes Augen schien Hoffnung auf. »Werde ich wieder reich werden?«

»Nein. Du wirst dich daran gewöhnen, arm und allein zu sein.«

Alte Liebe

Geld und Liebe

»Glauben Sie, dass Sie meiner Tochter das geben können, was sie sich wünscht?«, fragte ein Mann einen Freier.

»Bestimmt, Sir. Sie sagt, sie wünscht sich nur mich.«

Niemand würde es Liebe nennen, wenn sie sich Geld wünschte. Warum ist es Liebe, wenn sie sich dich wünscht?

Sagte der Meister: »Was du Freundschaft nennst, ist in Wirklichkeit ein Geschäft: Entsprich meinen Erwartungen, gib mir, was ich möchte, und ich werde dich lieben; weise mich ab, und meine Liebe schlägt in Groll und Gleichgültigkeit um.«

Er erzählte von dem Familienvater, der nach einem anstrengenden Arbeitstag zu seiner Frau und seinem niedlichen, drei Jahre alten Töchterchen nach Hause kam.

»Bekommt Daddy einen Kuss?«

»Nein!«

»Schäm dich! Daddy muss den ganzen Tag hart arbeiten, um etwas Geld nach Hause zu bringen, und du behandelst ihn so! Wo ist der Kuss?«

Das niedliche, drei Jahre alte Töchterchen schaute ihm in die Augen: »Und wo ist das Geld?«

Sagte ein Schüler: »Ich gebe meine Liebe nicht für Geld.«

Sagte der Meister: »Ist es nicht ebenso schlecht – oder gar schlimmer –, wenn du Liebe für Liebe verlangst?«

Alte Liebe

Der siebente Krug

Ein Barbier kam an einem verwunschenen Baum vorbei, als er eine Stimme hörte: »Möchtest du die sieben Krüge voll Gold haben?« Er blickte sich um und sah niemand. Aber seine Habgier war geweckt, und er rief eifrig: »Ja, natürlich möchte ich sie haben.«

»Dann geh sofort nach Hause«, sagte die Stimme, »dort wirst du sie vorfinden.«

Der Barbier lief, so schnell er konnte, nach Hause. Und wirklich, dort waren die sieben Krüge, alle mit Gold gefüllt außer einem, der nur halbvoll war. Der Barbier konnte jetzt den Gedanken nicht ertragen, dass ein Krug nur halbvoll war. Er war besessen von dem Wunsch, ihn zu füllen, sonst könnte er einfach nicht glücklich sein. Er ließ allen Familienschmuck in Goldstücke einschmelzen und füllte sie in den halbvollen Krug. Aber der Krug blieb halbgefüllt wie zuvor. Es war zum Verzweifeln! Er sparte und knauserte und hungerte sich und seine Familie beinahe zu Tode. Aber ohne Erfolg. Gleichgültig wie viel Gold er hineinfüllte, der Krug blieb stets nur halbvoll.

Also bat er eines Tages den König, sein Gehalt zu erhöhen. Es wurde verdoppelt. Wieder begann der Kampf, den Krug zu füllen. Er begann sogar zu betteln. Der Krug verschlang jede Münze, die hineingeworfen wurde, und blieb doch hartnäckig halbvoll.

Der König bemerkte nun, wie elend und verhungert der Barbier aussah. »Was fehlt dir?«, fragte er. »Du warst so glücklich und zufrieden, als dein Gehalt noch kleiner war. Nun ist es verdoppelt worden, und du bist so erschöpft und niedergeschlagen. Kann es sein, dass du die sieben Krüge voll Gold zu Hause hast?«

Der Barbier war erstaunt: »Wer hat Euch das gesagt, Majestät?«, fragte er.

Alte Liebe

Der König lachte: »Du hast alle Symptome eines Menschen, dem der Geist die sieben Krüge anbietet. Er hat sie auch mir einmal angeboten. Ich fragte, ob dieses Geld ausgegeben werden könnte oder einfach gehortet werden müsste, und da verschwand er ohne ein weiteres Wort. Das Geld kann nicht ausgegeben werden. Es bewirkt nur den inneren Zwang, es zu horten. Geh hin und gib es dem Geist zurück, und in derselben Minute wirst du wieder glücklich sein.«

19. OKTOBER

Buddha reagiert nicht

Buddha schien unbeeindruckt von den Beleidigungen, die ein Besucher ihm zubrüllte. Als die Schüler ihn später nach dem Geheimnis der Gelassenheit fragten, sagte er: »Stellt euch vor, was geschähe, wenn jemand eine Opfergabe vor euch hinlegte, und ihr würdet sie nicht aufheben. Oder jemand schickt euch einen Brief, den ihr euch zu öffnen weigern würdet; ihr wäret von dem Inhalt nicht berührt, nicht wahr? Tut das jedes Mal, wenn ihr beschimpft werdet, dann werdet ihr eure Gelassenheit nicht verlieren.«

Alte Liebe

Löwenzaun

Ein Löwe geriet in Gefangenschaft und wurde in ein Lager gebracht, wo er zu seinem Erstaunen noch andere Löwen antraf, die schon jahrelang dort waren, einige sogar ihr ganzes Leben, denn sie waren dort geboren. Er lernte bald die sozialen Betätigungen der Lagerlöwen kennen. Sie schlossen sich in Gruppen zusammen. Eine Gruppe bestand aus den Gesellschaftslöwen; eine andere ging ins Showgeschäft; wieder eine andere betätigte sich kulturell, um die Bräuche, die Traditionen und die Geschichte jener Zeiten zu bewahren, als die Löwen in Freiheit lebten. Andere Gruppen waren religiös – sie kamen zusammen, um zu Herzen gehende Lieder zu singen von einem künftigen Dschungel ohne Zäune. Einige Gruppen fanden Zulauf von denen, die sich von Natur aus für Literatur und Kunst interessierten; wieder andere waren revolutionär gesonnen, sie trafen sich, um sich gegen ihre Wärter zu verschwören oder gegen andere revolutionäre Gruppen Pläne zu schmieden. Ab und zu brach eine Revolution aus, die eine oder andere Gruppe wurde ausgelöscht, oder alle Wärter wurden umgebracht und durch andere ersetzt.

Als sich der Neuankömmling umsah, bemerkte er einen Löwen, der stets tief in Gedanken versunken schien, ein Einzelgänger, der keiner Gruppe angehörte und sich meistens von allen fernhielt. Es war etwas Seltsames um ihn, das sowohl die Bewunderung der anderen hervorrief, aber auch ihre Feindseligkeit, denn seine Gegenwart erzeugte Angst und Selbstzweifel. Er sagte zu dem Neuankömmling: »Schließ dich keiner Gruppe an. Diese armen Narren kümmern sich um alles, bloß nicht um das Wesentliche.«

»Und was ist das?«, fragte der Neuankömmling.

»Über die Art des Zaunes nachzudenken.«

Alte Liebe

Ein Büffel zuviel im Flugzeug

Einige Jäger charterten ein Flugzeug, das sie in ein Waldgebiet bringen sollte. Nach zwei Wochen kam der Pilot, um sie wieder abzuholen. Er warf einen Blick auf die erlegten Tiere und sagte: »Diese Maschine kann nicht mehr als einen Büffel transportieren. Die anderen müssen Sie zurücklassen.«

»Aber im letzten Jahr erlaubte uns der Pilot, zwei Tiere in einer Maschine von dieser Größe mitzunehmen«, protestierten die Jäger.

Der Pilot war skeptisch, sagte aber schließlich: »Wenn Sie es voriges Jahr so gemacht haben, können wir es vermutlich wieder tun.«

Also hob die Maschine ab mit den drei Männern und zwei Büffeln an Bord. Doch sie konnte keine Höhe gewinnen und prallte gegen einen nahegelegenen Berg. Die Männer kletterten heraus und blickten sich um.

Ein Jäger sagte zu dem anderen: »Wo glaubt Ihr, sind wir?«

Der andere sah prüfend in die Runde und erwiderte: »Ich glaube, wir befinden uns ungefähr zwei Meilen links von der Stelle, an der wir im letzten Jahr abgestürzt sind.«

Alte Liebe

Spieler in Not

In Las Vegas trat ein Mann auf einen wohlhabend aussehenden Fremden zu und sagte: »Können Sie 25 Dollar für mich erübrigen, mein Herr? Ich habe schon zwei Tage nichts gegessen und habe auch keinen Platz zum Schlafen.«

»Woher soll ich wissen, dass Sie das Geld nicht verspielen?«

»Ausgeschlossen!«, sagte der Mann, »Geld fürs Glücksspiel habe ich dabei.«

Der kleine Henry

Wir haben alle unsere Standpunkte, oder? Von diesen Standpunkten aus hören wir den anderen zu: »Hast du dich aber verändert, Henry! Du warst doch immer so groß, und jetzt kommst du mir so klein vor. Du warst doch immer so stattlich, und jetzt erscheinst du mir so schmal. Du warst doch immer so blass, und jetzt bist du so braun. Was ist mit dir los, Henry?«

Und Henry sagte: »Ich heiße gar nicht Henry, ich heiße John.« –

»Ach, deinen Namen hast du auch geändert!« –

Wie will man solch einen Menschen zum Zuhören bekommen?

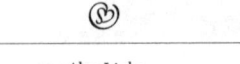

Alte Liebe

Ching und sein begnadeter Glockenstuhl

Ein Holzschnitzer namens Ching hatte gerade die Arbeit an einem Glockenstuhl beendet. Alle, die ihn sahen, staunten, denn es war ein begnadetes Werk. Als der Herzog von Lu es erblickte, sagte er: »Was ist das für eine Begabung, die Euch ein solches Meisterwerk vollbringen lässt?«

Der Holzschnitzer erwiderte: »Ich bin nur ein einfacher Handwerker, ich bin kein Genie. Wenn ich einen Glockenstuhl machen will, meditiere ich drei Tage, um meine Gedanken zu beruhigen. Wenn ich drei Tage meditiert habe, denke ich nicht mehr an Belohnung oder Vergütung. Wenn ich fünf Tage meditiert habe, denke ich nicht mehr an Lob oder Tadel, an Geschicklichkeit oder Unbeholfenheit. Wenn ich sieben Tage meditiert habe, vergesse ich plötzlich meine Glieder, meinen Körper, ja, mein ganzes Selbst. Ich weiß nichts mehr von meinem Arbeitsplatz und meiner Umgebung. Nur mein Können bleibt. In diesem Zustand gehe ich in den Wald und prüfe jeden Baum, bis ich einen finde, in dem ich den Glockenstuhl in seiner ganzen Vollkommenheit sehe. Dann machen sich meine Hände an die Arbeit. Da ich mein Selbst beiseite geschoben habe, trifft Natur auf Natur in der Arbeit, die durch mich getan wird. Das ist zweifellos der Grund, warum jeder sagt, das fertige Produkt sei ein begnadetes Werk.«

Alte Liebe

Der verschmähte Köder

Eines Tages erschien der Teufel als Engel verkleidet einem der heiligen Wüstenväter und sagte: »Ich bin der Engel Gabriel und vom Allmächtigen zu dir gesandt worden.«

Der Mönch erwiderte: »Überleg doch einmal. Du bist sicher zu jemand anders geschickt worden. Ich habe nichts getan, um den Besuch eines Engels zu verdienen.«

Bei diesen Worten verschwand der Teufel und wagte sich niemals mehr in die Nähe des Mönches.

Der Mensch, das unbekannte Schriftzeichen

In der Ecke einer Bibliothek in Japan saß jeden Tag ein alter Mönch in friedlicher Meditation.

»Ich sehe Euch nie die Sutren lesen«, sagte der Bibliothekar.

»Ich habe nie lesen gelernt«, erwiderte der Mönch.

»Das ist eine Schande. Ein Mönch wie Ihr sollte lesen können. Soll ich es Euch lehren?«

»Ja. Sagt mir, was bedeutet dieses Schriftzeichen?«, sagte der Mönch und zeigte auf sich.

Alte Liebe

Der Bibeldieb

Ein schlecht verpacktes Paket mit Bibeln platzte auf dem Postamt auseinander. Bibeln in wertvollem Ledereinband und mit Goldschnitt übersäten den Boden. Ein Postangestellter konnte der Versuchung nicht widerstehen und nahm ein Exemplar an sich.

Als er das später beichtete, sagte der Meister: »Aber was in aller Welt ließ Sie eine Bibel stehlen?«

»Meine religiöse Veranlagung«, erwiderte der Mann zerknirscht.

Chancenlos

Ein frommer und religiöser Mann hatte schwere Zeiten durchzumachen. Er versuchte es nun mit folgendem Gebet: »Herr, erinnere dich an all die Jahre, in denen ich dir diente, so gut ich konnte und nichts dafür verlangte. Nun, da ich alt und bankrott bin, möchte ich dich zum ersten Mal in meinem Leben um eine Gunst bitten, und ich bin sicher, du wirst sie nicht abschlagen: Lass mich in der Lotterie gewinnen.«

Tage vergingen, dann Wochen und Monate. Nichts geschah. Schließlich rief er eines Nachts voller Verzweiflung: »Warum gibst du mir keine Chance, Gott?«

Plötzlich hörte er die Stimme Gottes: »Gib mir auch eine Chance! Warum kaufst du dir kein Los?«

Alte Liebe

Tapfer ist die Feuerwehr

Eine Ölquelle geriet in Brand, und die Gesellschaft rief Fachleute zur Hilfe, um das Feuer zu löschen. Aber die Hitze war so groß, dass die Feuerlöscher nicht näher als dreihundert Meter an den Förderturm herankamen. Die Unternehmensleitung bat die Freiwillige Feuerwehr des Ortes, bei der Brandbekämpfung so gut es ging zu helfen. Eine halbe Stunde später rollte ein klapprig aussehender Feuerwehrwagen die Straße hinunter und kam ungefähr zwanzig Meter vor den vernichtenden Flammen zu einem abrupten Halt. Die Männer sprangen aus dem Wagen, besprühten einander und machten sich dann daran, das Feuer zu löschen.

Die Unternehmensleitung veranstaltete aus Dankbarkeit einige Tage später eine Feier, wobei der Mut der Feuerwehrmänner hervorgehoben, ihre Pflichterfüllung gerühmt wurde. Als Dank wurde dem Leiter des Feuerwehrdepots ein ansehnlicher Scheck überreicht. Als der Feuerwehrhauptmann von einem Reporter gefragt wurde, was er mit dem Scheck zu tun gedenke, erwiderte dieser: »Zuallererst werde ich den Löschwagen in eine Werkstatt bringen, damit die verdammten Bremsen repariert werden.«

Alte Liebe

Der Seufzer des Schusters

Ein Schuster kam zu Rabbi Isaak von Ger und sprach: »Sag mir, wie soll ich es mit meinem Morgengebet halten? Meine Kunden sind arme Leute, die nur ein Paar Schuhe besitzen. Sie bringen sie spät abends, und ich arbeite fast die ganze Nacht daran; sogar wenn der Morgen anbricht, gibt es immer noch zu tun, wenn die Schuhe fertig sein sollen, ehe die Männer zur Arbeit gehen. Deshalb möchte ich wissen: Wie soll ich es mit meinem Morgengebet halten?«

»Wie hast du es denn bisher gemacht?«, fragte der Rabbi.

»Manchmal bete ich es schnell und gehe dann gleich wieder an die Arbeit – doch fühle ich mich dabei nicht wohl. Ein andermal lasse ich die Stunde des Gebetes vorbeigehen. Dann habe ich aber auch das Gefühl, es fehle mir etwas, und hier und da, wenn ich den Hammer hebe, meine ich, mein Herz seufzen zu hören: ›Was für ein unglücklicher Mensch bin ich doch, dass ich nicht mein Morgengebet verrichten kann.‹«

Sagte der Rabbi: »Wenn ich Gott wäre, wäre mir dieser Seufzer mehr wert als das Gebet.«

Alte Liebe

Sondermischung

Eine Gruppe älterer Herren in Japan traf sich regelmäßig, um Neuigkeiten auszutauschen und Tee zu trinken. Es machte ihnen Spaß, teure Teesorten ausfindig zu machen und neue Mischungen zu kreieren, die ihrem Gaumen schmeichelten. Als das älteste Mitglied der Gruppe an der Reihe war, die anderen zu bewirten, servierte er den Tee mit der ausgesuchtesten Zeremonie und verteilte die Teeblätter aus einem goldenen Gefäß. Jedermann war des höchsten Lobes voll und wollte wissen, wie er diese hervorragende Mischung zusammengestellt hatte.

Der alte Mann lächelte und sagte: »Meine Herren, den Tee, den Sie so köstlich finden, trinken die Bauern auf meiner Farm. Die besten Dinge im Leben sind weder teuer noch schwer zu finden.«

Alte Liebe

NOVEMBER

Der Tod in Bagdad

Der Tod in Bagdad

Ein Kaufmann in Bagdad schickte seinen Diener mit einem Auftrag zum Basar. Der Mann kam blass und zitternd vor Angst zurück.

»Herr«, sagte er, »auf dem Markt traf ich einen Fremden. Als ich ihm ins Gesicht blickte, sah ich, dass es der Tod war. Er wies mit einer drohenden Gebärde auf mich und ging davon. Nun habe ich Angst. Bitte gebt mir ein Pferd, dass ich sofort nach Samarra reiten kann, um mich möglichst weit vom Tod zu entfernen.«

Der Kaufmann war besorgt um den Mann und gab ihm sein schnellstes Ross. Der Diener saß auf und war im Handumdrehen verschwunden.

Später ging der Kaufmann selbst auf den Basar und sah den Tod in der Menge herumlungern. Er ging zu ihm hin und sagte: »Du hast heute morgen vor meinem armen Diener eine drohende Gebärde gemacht. Was sollte das bedeuten?«

»Das war keine drohende Gebärde«, sagte der Tod. »Es war nur ein erstauntes Zusammenfahren, weil ich ihn in Bagdad traf.«

»Warum sollte er nicht in Bagdad sein? Hier wohnt er doch.«

»Nun, mir hatte man zu verstehen gegeben, dass ich ihn heute Abend in Samarra treffen würde.«

Spuren in den Wolken

Um das Leben zu sehen, wie es wirklich ist, hilft nichts so sehr wie die Tatsache des Todes.

Ich stelle mir vor, hundert Jahre sind nach meinem Tod vorübergegangen und ich komme noch einmal wieder. Außer ein bis zwei vergilbten Fotografien in einem Album oder an einer Wand und der Inschrift auf meinem Grabstein ist kaum etwas von mir übriggeblieben, nicht einmal die Erinnerung meiner Freunde, weil keiner mehr lebt... Trotzdem forsche ich nach irgendwelchen Spuren, die von meiner Existenz vielleicht noch auf der Erde vorhanden sind...

Ich schaue in mein Grab hinein und finde eine Handvoll Staub und zerbröckelte Knochen im Sarg. Meine Augen bleiben an diesem Staub hängen, und ich denke an mein Leben zurück: Erfolge und Tragödien ... Ängste und Freuden ... Mühen, Konflikte ... Sehnsüchte und Wunschträume ... Liebe und Abneigung ... all das, was mein Leben ausgemacht hat. Und all das ist nun vom Wind verweht, vom Universum verschlungen... Nur noch ein wenig Staub ist übriggeblieben als Zeichen, dass es einmal etwas gegeben hat: mein Leben.

Wie ich so diesen Staub betrachte, kommt es mir vor, als fiele eine schwere Last von meinen Schultern – die Last meiner Einbildung, etwas zu bedeuten...

Dann blicke ich auf und betrachte die Welt um mich her – die Bäume, die Vögel, die Erde, die Sterne, den Sonnenschein, den Schrei eines Säuglings, einen vorüberfahrenden Zug, die eilenden Wolken, den Tanz des Lebens und des Universums ... und ich weiß, dass in allem irgendwo die Überreste jenes Menschen sind, den ich »Ich« genannt habe, und jenes Lebens, welches das Meine war.

Der Tod in Bagdad

3. NOVEMBER

Der fremde Sohn

Ein Soldat wurde eilends von der Front zurückgerufen, weil sein Vater im Sterben lag. Er erhielt eine Sondergenehmigung, denn außer ihm hatte der Vater keine Familienangehörigen mehr.

Als er die Intensivstation betrat, erkannte er sofort, dass dieser halb bewusstlose Mann mit Schläuchen in Mund und Nase nicht sein Vater war. Irgendjemand hatte sich geirrt und den falschen Soldaten von der Front geholt.

»Wie lange wird er noch leben?«, fragte er den Arzt.

»Nur noch ein paar Stunden. Sie haben es gerade geschafft.«

Der Soldat dachte an den Sohn des sterbenden Mannes, der, Gott weiß wo, tausende von Meilen entfernt an der Front war. Er dachte an den alten Mann, der nur in der Hoffnung am Leben geblieben war, dass er seinen Sohn noch einmal sehen würde, ehe er starb. Das bestimmte seinen Entschluss. Er beugte sich vor, ergriff die Hand des alten Mannes und sagte leise: »Vater, ich bin da. Ich bin zurück.«

Der Sterbende umklammerte die hingestreckte Hand; seine leeren Augen öffneten sich und blickten umher; ein zufriedenes Lächeln ging über sein Gesicht und blieb dort, bis er etwa eine Stunde später starb.

4. NOVEMBER

Wie man leichter stirbt

Ein Schüler musste rasch wieder heim, als ihn die Nachricht erreichte, dass sein Haus abgebrannt war.

Er war ein reicher Mann, und alle bedauerten ihn. Alles, was der Meister ihm sagte, war: »Es wird das Sterben leichter machen.«

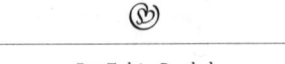

Der Tod in Bagdad

Woran man sich im Fallen hält

Einem Schüler, der um Weisheit bat, sagte der Meister: »Versuch Folgendes: Schließ die Augen und stell dir vor, du und alle Lebewesen werden in einen Abgrund geschleudert. Jedes Mal, wenn du dich an etwas klammerst, um nicht zu fallen, mach dir klar, dass es gleichfalls fällt…«
Der Schüler versuchte es und war nie mehr derselbe.

Die Charta der Knochen

Plutarch erzählt die Geschichte von Alexander dem Großen, der zu Diogenes kommt, als dieser gerade aufmerksam einen Haufen menschlicher Knochen betrachtet.
»Was sucht Ihr?«, fragte Alexander.
»Etwas, das ich nicht finden kann«, sagte der Philosoph.
»Und was ist das?«
»Den Unterschied zwischen den Knochen Eures Vaters und denen seiner Sklaven.«

Auch diese Knochen sind nicht zu unterscheiden:
Katholische von protestantischen,
Hinduknochen von muslimischen,
arabische von israelischen,
russische von amerikanischen Knochen.
Erleuchtete sehen keinen Unterschied,
selbst bei Knochen, die noch prall mit Fleisch bedeckt sind!

Der Tod in Bagdad

7. NOVEMBER

Vom Nichtgeborenwerden

Diese Geschichte erinnerte die Schüler an den Pessimisten, der sagte: »Das Leben ist schrecklich, es wäre besser gewesen, nicht geboren worden zu sein.«

»Ja«, erwiderte der Meister mit einem Funkeln in seinen Augen, »aber wie viele haben diese Art von Glück? Einer unter Zehntausend vielleicht.«

8. NOVEMBER

Sich ändern, um die Welt zu ändern

Der Sufi Bayazid erzählt folgende Geschichte: »In meiner Jugend war ich Revolutionär, und mein einziges Gebet zu Gott lautete: ›Herr, gib mir die Kraft, die Welt zu ändern.‹

Als ich die mittleren Jahre erreichte und merkte, dass die Hälfte meines Lebens vertan war, ohne dass ich eine einzige Seele geändert hätte, wandelte ich mein Gebet ab und bat: ›Herr, gib mir die Gnade, alle jene zu verändern, die mit mir in Berührung kommen. Nur meine Familie und Freunde, dann bin ich schon zufrieden.‹

Nun, da ich ein alter Mann bin und meine Tage gezählt sind, beginne ich einzusehen, wie töricht ich war. Mein einziges Gebet lautet nun: ›Herr, gib mir die Gnade, mich selbst zu ändern.‹ Wenn ich von Anfang an darum gebetet hätte, wäre mein Leben nicht vertan.«

Der Tod in Bagdad

9. NOVEMBER
Freunde in der Schlacht

»Mein Freund ist nicht vom Schlachtfeld zurückgekommen, Sir. Erbitte Erlaubnis, ihn zu suchen und hereinzuholen.«

»Abgelehnt«, sagte der Offizier, »ich möchte nicht, dass Sie Ihr Leben aufs Spiel setzen für einen Mann, der wahrscheinlich tot ist.«

Der Soldat machte sich trotzdem auf die Suche und kam eine Stunde später tödlich verwundet zurück, in den Armen seinen toten Freund.

Der Offizier tobte. »Ich habe Ihnen gesagt, er sei tot. Nun habe ich Sie beide verloren. Was hat es nun gebracht, hinauszugehen, um eine Leiche zurückzubringen?«

Der sterbende Mann antwortete: »Es hat sich gelohnt, mein Herr. Als ich ihn fand, lebte er noch. Und er sagte zu mir: ›Ich wusste, Jack, dass du kommen würdest.‹«

10. NOVEMBER
Nichts wie durchhalten

Ein Mann in den Achtzigern wurde nach dem Geheimnis seines ungeheuren Durchhaltevermögens gefragt.

»Ja«, sagte er, »ich trinke nicht, ich rauche nicht, und ich schwimme täglich eine Meile.«

»Aber ich hatte einen Onkel, der genau das tat, und er starb mit sechzig.«

Bei Ihrem Onkel lag es wohl daran, dass er nicht lange genug durchhielt.«

Der Tod in Bagdad

Trauer um den Störenfried

Es war einmal ein Rabbi, der vom Volk als Gottesmann verehrt wurde. Kein Tag verging, an dem nicht viele Menschen vor seiner Tür standen, um Rat baten, Heilung begehrten oder auch nur den Segen des heiligen Mannes. Und jedes Mal, wenn der Rabbi sprach, hingen die Menschen an seinen Lippen und sogen jedes einzelne Wort in sich auf.

Unter den Zuhörern gab es jedoch einen unangenehmen Burschen, der nicht die geringste Gelegenheit ausließ, um dem Meister zu widersprechen. Er beobachtete die Schwächen des Rabbi und machte sich über dessen Fehler lustig zum großen Missvergnügen seiner Anhänger, die allmählich in ihm die Inkarnation des Teufels sahen.

Eines Tages wurde der »Teufel« krank und starb. Jedermann seufzte erleichtert auf. Äußerlich wahrten sie den geziemenden Ernst, aber im Herzen waren sie froh, denn nun würden die ermutigenden Reden des Meisters nicht mehr unterbrochen und sein Auftreten nicht mehr von diesem respektlosen Ketzer kritisiert werden.

Daher waren die Menschen erstaunt, als sie sahen, dass der Meister bei der Beerdigung ehrlich trauerte. Als er später von einem Schüler gefragt wurde, ob er das unabänderliche Schicksal des Toten beklage, sagte er : »Nein, nein. Warum sollte ich um unseren Freund trauern, der nun im Himmel ist? Ich klage um mich selbst. Dieser Mann war mein einziger Freund. Hier bin ich von Menschen umgeben, die mich verehren. Er als Einziger forderte mich heraus. Ich habe Angst, nicht mehr weiter zu wachsen, nun, da er gegangen ist.« Und bei diesen Worten brach der Meister in Tränen aus.

Der Tod in Bagdad

Messe für einen Hund

Schubladen und Etiketten sind sehr wichtig für uns. »Ich bin Sozialdemokrat«, sagen wir. Doch sind Sie es wirklich? Sie wollen doch nicht sagen, dass Sie, wenn Sie die Partei wechseln, ein neues »Ich« besitzen. Ist es nicht dasselbe »Ich« mit neuen politischen Überzeugungen?

Wir verschwenden viel Zeit in unserem Leben mit Schubladen, in denen wir selbst oder in denen andere stecken. Wir identifizieren das »Ich« mit der Schublade, mit dem Etikett. Auch Katholik und Protestant sind beliebte Schubladen oder Etiketten.

Es war einmal ein Mann, der zu einem Priester ging und bat: »Herr Pfarrer, ich möchte, dass Sie eine Messe für meinen Hund lesen.«

Der Priester war empört: »Was soll das heißen, eine Messe für Ihren Hund lesen?«

»Es war mein Schoßhund«, sagte der Mann. »Ich habe diesen Hund geliebt und möchte, dass Sie für ihn eine Messe lesen.«

Der Priester wehrte ab: »Wir feiern keine Messen für Hunde. Versuchen Sie es doch bei der Konfession um die Ecke. Fragen Sie dort, ob Sie eine Messe haben können.«

Schon in der Tür, drehte sich der Mann noch einmal um und sagte: »Zu schade, ich habe diesen Hund wirklich geliebt. Ich wollte für die Messe eine Spende von einer Million Dollar machen.«

Darauf der Priester prompt: »Warten Sie doch! Warum haben Sie mir nicht gleich gesagt, dass der Hund katholisch war?«

Der Tod in Bagdad

Der Geizhals hat Verspätung

Ein Geizhals hatte 500 000 indische Dinar gehortet und beschloss, ein Jahr angenehm zu leben, ehe er überlegen wollte, wie dieses Geld am besten anzulegen sei. Aber plötzlich erschien der Engel des Todes neben ihm und forderte sein Leben.

Der Mann bat und bettelte mit tausend guten Gründen, ihn noch etwas länger leben zu lassen, aber der Engel war unerbittlich. »Lass mir noch drei Tage Zeit«, bat er, »und ich werde dir die Hälfte meines Vermögens geben.« Der Engel wollte nichts davon wissen und begann, ihn wegzuzerren.

»Ich bitte dich, gib mir nur noch einen Tag, und du kannst alles haben, was ich mit so viel Schweiß und Mühe erworben habe.« Der Engel blieb hart.

Ein kleines Zugeständnis konnte er dem Engel jedoch abringen – einige wenige Minuten, um eine Nachricht aufzuschreiben: »Wer du auch seist, der diese Nachricht findet, vertue nicht deine Zeit, Glücksgüter anzuhäufen, wenn du genug zum Leben hast. Lebe! Meine 500 000 Dinar konnten mir nicht eine Stunde Leben erkaufen!«

Der Tod in Bagdad

14. NOVEMBER

Tod beim Pokern

Der Meister spielte gerne Karten und verbrachte einmal mit einigen seiner Schüler während eines Luftangriffs die ganze Nacht beim Pokern. Als sie eine Pause einlegten, um etwas zu trinken, kamen sie auf den Tod zu sprechen.

»Wenn ich mitten in diesem Spiel tot umfallen würde, was würdet ihr dann tun?«, fragte der Meister.

»Was möchtest du, dass wir tun sollten?«

»Zwei Dinge. Zuerst die Leiche fortschaffen.«

»Und dann?«

»Die Karten neu geben«, sagte der Meister.

15. NOVEMBER

Prozessordnung für arme Seelen

Der Dorfgeistliche besuchte das Haus eines älteren Pfarrkindes, und bei einer Tasse Kaffee beantwortete er einige Fragen der Großmutter.

»Warum schickt uns der Herr immer wieder Epidemien?«, fragte die alte Dame.

»Nun ja«, sagte der Geistliche, »manchmal werden die Leute so böse, dass sie beseitigt werden müssen, und daher erlaubt der liebe Gott, dass Epidemien ausbrechen.«

»Aber«, widersprach Großmutter, »warum werden so viele gute Leute zusammen mit den bösen beseitigt?«

»Die guten werden als Zeugen abgerufen«, erklärte der Geistliche. »Der Herr will jeder Seele einen fairen Prozess machen.«

Der Tod in Bagdad

Das Stück vom Schläger und Geschlagenen

Muso, einer der berühmtesten Meister seiner Zeit, war unterwegs in der Gesellschaft eines Schülers. Sie kamen an einen Fluss und bestiegen eine Fähre. Gerade als sie ablegen wollten, kam ein betrunkener Samurai angerannt. Er sprang in das überladene Boot und brachte es beinahe zum Kentern. Dann torkelte er wild herum und gefährdete das nicht sehr robuste Schiff, so dass der Bootsführer ihn bat, sich ruhig zu verhalten.

»Wir sind hier wie in einem Schafstall zusammengepfercht«, sagte der Samurai heißer. Plötzlich sah er Muso und schrie: »Hier! Lasst uns den heiligen Mann über Bord werfen!«

»Habt bitte Geduld«, sagte Muso, »wir werden bald drüben sein«.

»Was? Ich soll Geduld haben?«, brüllte der Samurai. »Hört, wenn Ihr nicht springt, werfe ich Euch glatt über Bord.«

Des Meisters ruhige Haltung angesichts dieser Drohungen machten den Samurai so wütend, dass er zu Muso hinging und ihn so in das Gesicht schlug, dass es blutete. Nun hatte der Schüler genug. Er war ein kräftiger Mann und sagte: »Jetzt soll er sterben, nachdem er das getan hat.«

»Warum sich über eine solche Kleinigkeit aufregen?«, sagte Muso lächelnd. »Gerade solche Vorkommnisse stellen uns auf die Probe. Erinnere dich, dass Geduld mehr ist als nur ein Wort.« Dann verfasste er ein kleines Gedicht.

»Schläger und Geschlagene
sind nur Spieler eines Stückes,
das so schnell vorbeigeht wie ein Traum.«

Der Tod in Bagdad

Der Fechter und der Tod

Tajima no Kami war der Fechtmeister des Schogun. Eines Tages kam einer der Leibwächter des Schogun zu ihm und bat, ihn in der Kunst des Fechtens zu unterweisen.

»Ich habe dich sehr genau beobachtet«, sagte Tajima no Kami, »du scheinst mir selbst ein Meister der Kunst zu sein. Ehe ich dich als Schüler annehme, möchte ich wissen, bei welchem Meister du gelernt hast.«

Der Leibwächter erwiderte: »Niemand hat mich je diese Kunst gelehrt.«

»Mich kannst du nicht täuschen«, sagte der Lehrer, »ich habe ein kritisches Auge, das mich nicht trügt.«

»Ich möchte Eurer Exzellenz nicht widersprechen«, sagte der Leibwächter, »aber ich verstehe wirklich nichts vom Fechten.«

Der Lehrer focht einige Minuten mit dem Mann, hielt dann inne und sagte: »Da du gesagt hast, du hättest die Kunst nie gelernt, glaube ich dir. Aber du bist so etwas wie ein Meister. Erzähl mir von dir.«

»Da ist eine Sache«, erwiderte der Leibwächter. »Als Kind sagte mir ein Samurai, ein Mann dürfe nie den Tod fürchten. Ich rang also mit dem Problem des Todes, bis es mir keine Angst mehr verursachte.«

»Genau das ist es«, rief Tajima no Kami. »Das letzte Geheimnis der Fechtkunst besteht darin, frei von Todesangst zu sein. Du brauchst keinen Unterricht. Du bist selbst ein Meister.«

Der Tod in Bagdad

Eine alte Himmelsstürmerin

Eine religiöse alte Dame hatte an allen Religionen etwas auszusetzen, also gründete sie eine eigene. Eines Tages sagte ein Reporter zu ihr, der sich bemühte, ihre Ansicht zu verstehen: »Glauben Sie wirklich, wie man behauptet, dass niemand in den Himmel kommen wird außer Ihnen und Ihrem Hausmädchen?« Die alte Dame dachte über die Frage nach und erwiderte: »Bei Mary bin ich nicht sicher.«

Das Ego ist ein Allesfresser

Er dachte, das Wesentliche sei, arm und enthaltsam zu leben. Es war ihm nie klar geworden, wie entscheidend wichtig es war, sein Ego aufzugeben. Denn das Ego wächst und gedeiht, ob man nun der Heiligkeit dient oder Frau Welt, nährt sich von Armut und Reichtum, von Enthaltsamkeit und Luxus. Es gibt nichts, das das Ego nicht ergreift, um sich aufzublasen.

Schüler: »Ich bin zu Euch gekommen mit nichts in den Händen.«
Meister: »Dann lass es sofort fallen.«
Schüler: »Aber wie kann ich es fallen lassen? Es ist nichts.«
Meister: »Dann musst du es eben mit dir herumtragen!«

~

Du kannst dein Nichts zu einem Besitz machen und deinen Verzicht wie eine Trophäe herumzeigen. Deinen Besitz brauchst du nicht aufzugeben. Gib dein Ego auf.

Der Tod in Bagdad

Wer das Schicksal zwingen kann

Der Hinduweise Narada machte sich auf eine Pilgerreise zu dem
Tempel des Gottes Vishnu. Eines Nachts hielt er in einem Dorf an
und wurde in der Hütte eines armen Ehepaares gastfreundlich aufgenommen. Ehe er am nächsten Morgen aufbrach, sagte der Mann
zu Narada: »Ihr geht zu Gott Vishnu. Bittet ihn, mir und meiner Frau
ein Kind zu schenken, denn wir sind schon jahrelang kinderlos.«

Als Narada den Tempel erreichte, sagte er zu dem Gott: »Dieser
Mann und seine Frau waren sehr freundlich zu mir. Sei barmherzig und gib ihnen ein Kind.« Der Gott erwiderte, und es klang
endgültig: »Es ist dem Schicksal dieses Mannes nicht bestimmt,
Kinder zu haben.« Also verrichtete Narada seine Gebete und kehrte nach Hause zurück.

Fünf Jahre später unternahm er noch einmal die gleiche Pilgerreise, machte in dem gleichen Dorf halt und wurde von dem gleichen Ehepaar aufgenommen. Dieses Mal spielten zwei kleine Kinder vor dem Eingang der Hütte.

»Wessen Kinder sind das?«, fragte Narada.

»Meine«, sagte der Mann.

Narada war verwirrt. Der Mann fuhr fort: »Bald nachdem Ihr uns
vor fünf Jahren verlassen habt, kam ein heiliger Bettelmönch in
unser Dorf. Wir nahmen ihn für die Nacht auf. Am nächsten Morgen segnete er vor dem Weggehen meine Frau und mich ... und
der Herr schenkte uns diese beiden Kinder.«

Als Narada dies hörte, konnte er nicht schnell genug zu dem Tempel von Gott Vishnu kommen. Kaum war er angekommen, rief er
gleich vom Eingang her: »Habt Ihr mir nicht gesagt, es sei dem
Schicksal dieses Mannes nicht bestimmt, Kinder zu haben? Er hat
zwei Kinder!«

Der Tod in Bagdad

Als der Gott das hörte, lachte er laut und sagte: »Das muss das Werk eines Heiligen sein. Heilige haben die Macht, das Schicksal zu ändern.«

Das Heiligkeitsspiel

Bayazid, der Moslem-Heilige, pflegte manchmal absichtlich gegen die äußeren Formen und Riten des Islam zu verstoßen.

Einmal geschah es, dass er auf dem Rückweg von Mekka in der iranischen Stadt Rey haltmachte. Die Einwohner, die ihn verehrten, eilten herbei, um ihn willkommen zu heißen, und verursachten in der Stadt ein großes Aufsehen. Bayazid, der dieser Art von Verehrung überdrüssig war, wartete, bis er den Marktplatz erreicht hatte. Dort kaufte er einen Laib Brot und begann, im Angesicht seiner Gefolgsleute schmatzend zu kauen. Es war ein Fastentag im Monat Ramadan, aber Bayazid fand, dass seine Reise durchaus rechtfertigte, dieses religiöse Gebot zu brechen.

Anders seine Gefolgsleute. Sie waren über sein Verhalten so entsetzt, dass sie ihn auf der Stelle verließen und nach Hause gingen. Zufrieden bemerkte Bayazid zu einem Schüler: »Siehst du, ich brauchte bloß etwas für sie Unerwartetes zu tun, und schon schwand ihre Verehrung für mich dahin.«

Jesus entsetzte seine Gefolgsleute auf ähnliche Weise.

Die Massen brauchen einen Heiligen, den sie verehren können, einen Guru, den sie um Rat fragen. Ein stillschweigendes Abkommen: Du musst unseren Erwartungen gerecht werden, als Gegenleistung bieten wir dir Verehrung. Das Heiligkeitsspiel!

Der Tod in Bagdad

22. NOVEMBER
Meister und Mensch

Auch das schärfste Auge würde an dem Meister nichts entdecken, was über den Rahmen des Gewöhnlichen hinausging. Er konnte ängstlich und niedergeschlagen sein, wenn die Umstände danach waren. Er konnte lachen und weinen und wütend werden. Er liebte ein anständiges Essen, war auch einem oder zwei Gläschen nicht abgeneigt, und man wusste sogar, dass er einer wohlgestalteten Frau gerne nachblickte.

Als ein Reisender bemängelte, dass der Meister kein »heiliger Mann« sei, wies ihn ein Schüler zurecht.

»Es ist eine Sache, ob ein Mann heilig ist. Auf einem ganz anderen Blatt steht, ob er Euch heilig vorkommt.«

23. NOVEMBER
Der Scheinheilige

Ein alter Rabbi lag krank im Bett. Neben seinem Lager führten seine Schüler flüsternd eine Unterhaltung. Sie priesen seine beispiellosen Tugenden.

»Seit Salomons Zeiten gab es niemand, der weiser wäre als er«, sagte einer von ihnen. »Und sein Glauben! Er gleicht dem unseres Vaters Abraham«, sagte ein anderer. »Seine Geduld ähnelt der Hiobs«, sagte ein Dritter. »Nur in Moses finden wir jemand, der so vertraut mit Gott verkehrte wie er«, sagte ein Vierter.

Der Rabbi schien keine Ruhe zu finden. Als die Schüler gegangen waren, sagte seine Frau: »Hast du gehört, wie sie dein Lob gesungen haben?«

»In der Tat«, erwiderte der Rabbi.

Der Tod in Bagdad

»Warum bist du dann so mürrisch?«, fragte sie.

»Meine Bescheidenheit«, klagte der Rabbi, »keiner erwähnte meine Bescheidenheit.«

24. NOVEMBER

Der zu enge Heiligenschein

Ein Mann kam zu einem Arzt und sagte: »Doktor, ich habe wahnsinnige Kopfschmerzen, die ich nie loswerde. Könnten Sie mir nicht etwas dagegen geben?«

»Durchaus«, sagte der Arzt, »aber zunächst möchte ich einige Dinge abklären. Sagen Sie, trinken Sie viel Alkohol?«

»Alkohol?«, erwiderte der Mann empört. »Dieses widerliche Zeug rühre ich nicht an.«

»Wie steht's mit dem Rauchen?«

»Ich finde Rauchen ekelhaft. Nie in meinem Leben habe ich Tabak auch nur angefasst.«

Es ist mir etwas peinlich, diese Frage zu stellen, aber Sie kennen ja die Männer ... treiben Sie sich nachts herum?«

»Natürlich nicht. Für wen halten Sie mich? Ich bin jeden Abend spätestens um zehn Uhr im Bett.«

»Sagen Sie«, fragte der Arzt, »ist dieses Kopfweh von dem Sie sprechen, ein scharfer, stechender Schmerz?«

»Ja«, sagte der Mann. »Das ist es – ein scharfer, stechender Schmerz.«

»Ganz einfach, mein Lieber! Ihr Problem liegt darin, dass Ihr Heiligenschein zu stramm sitzt. Wir brauchen ihn nur etwas zu lockern.«

Der Tod in Bagdad

Ich weiß es nicht

Der Suchende näherte sich ehrerbietig dem Schüler und fragte: »Was ist der Sinn des menschlichen Lebens?«

Der Schüler zog die Werke seines Meisters zu Rate und erwiderte getrost mit des Meisters eigenen Worten: »Menschliches Leben ist nichts weiter als der Ausdruck von Gottes Überfluss.«

Als der Suchende den Meister selbst traf und ihm die gleiche Frage stellte, sagte der Meister: »Ich weiß es nicht.«

Der Suchende sagt: »Ich weiß es nicht.« Das zu sagen erfordert Ehrlichkeit.

Der Meister sagt: »Ich weiß es nicht.« Das erfordert ein mystisches Denken, das alle Dinge durch Nicht-Wissen erkennt.

Der Schüler sagt: »Ich weiß es.« Das bedeutet Unwissenheit in der Form geborgten Wissens.

Schweigen ist dein tiefstes Wesen

Sagte der Meister:
»Als du noch im Mutterleib warst,
hast du geschwiegen.
Dann wurdest du geboren
und fingst an zu sprechen, sprechen, sprechen –
bis der Tag kommt, da man dich ins Grab legt.
Dann wirst du wieder still ein.
Fange dieses Schweigen ein,
das im Mutterleib war
und im Grab sein wird

Der Tod in Bagdad

und selbst jetzt dieses Intervall von Lärm
unterläuft, das Leben heißt.
Dieses Schweigen ist dein tiefstes Wesen.«

Musiker und Mystiker

Einmal stellte der Meister eine Rätselfrage: »Was haben Künstler
und Musiker mit dem Mystiker gemeinsam?«
Niemand wusste eine Antwort: »Die Einsicht, dass die feinste Sprache nicht von der Zunge kommt«, sagte der Meister.

Verlorenes Volk

Ein Schüler fragte einmal Konfuzius: »Was sind die Grundvorraus-
setzungen für eine gute Regierung?«
Er antwortete: »Nahrung, Waffen und das Vertrauen des Volkes.«
»Aber«, fuhr der Schüler fort, »wenn Ihr gezwungen wäret, auf
eine der drei Voraussetzungen zu verzichten, welche würdet Ihr
aufgeben?«
»Waffen.«
»Und wenn Ihr noch eine weitere aufgeben müsstet?«
»Nahrung.«
»Aber ohne Nahrung werden die Menschen sterben.«
»Seit urvordenklichen Zeiten ist der Tod das Schicksal der Men-
schen. Aber wenn ein Volk seinen Herrschern nicht mehr vertraut,
ist es in der Tat verloren.«

Der Tod in Bagdad

Die ruchlosesten Mörder

Der Meister reagierte auf Ideologien allergisch. »In einem Krieg der Ideen«, sagte er, »ist das Volk das Opfer.«

Später legte er genauer dar: »Das Volk tötet für Geld oder für Macht. Doch die ruchlosesten Mörder sind diejenigen, die für ihre Ideen töten.«

Die Zerstörung der Welt

Für den Vortrag des Meisters über »*Die Zerstörung der Welt*« wurde viel Voraus-Reklame gemacht, und eine große Menschenmenge versammelte sich auf dem Gelände des Klosters, um ihm zuzuhören.

Die Ansprache war in weniger als einer Minute beendet. Er sagte nur:

»Folgendes wird die menschliche Rasse vernichten:

Politik ohne Prinzipien,

Fortschritt ohne Mitleid,

Reichtum ohne Arbeit,

Lernen ohne Stille,

Religion, wenn sie nicht furchtlos ist

und Verehrung ohne Bewusstheit.«

Der Tod in Bagdad

DEZEMBER

Stille

Stille

Der Gouverneur unterbrach eine Reise, um dem Meister seine Ehrerbietung zu erweisen.

»Staatsgeschäfte lassen mir keine Zeit für lange gelehrte Abhandlungen«, sagte er. »Könntet Ihr das Wesentliche der Religion für
einen aktiven Menschen wie mich in einem oder zwei Absätzen
zusammenfassen?«

»Ich werde es mit einem einzigen Wort zum Nutzen Eurer Hoheit
ausdrücken.«

»Unglaublich! Wie lautet dieses außergewöhnliche Wort?«

»Stille.«

~

Ein nicht übertrieben eifriger Schüler klagte, er habe noch nie die
Stille kennen gelernt, die der Meister stets empfahl.

Sagte der Meister: »Stille erfahren nur aktive Menschen.«

~

Ein alter Mann konnte stundenlang still in der Kirche sitzen. Eines
Tages fragte ihn ein Priester, worüber Gott mit ihm spräche.

»Gott spricht nicht. Er hört nur zu«, war die Antwort.

»Was redest du dann mit ihm?«

»Ich spreche auch nicht. Ich höre nur zu.«

~

Die vier Stufen des Gebetes:

Ich spreche, du hörst zu.

Du sprichst, ich höre zu.

Keiner spricht, beide hören zu.

Keiner spricht, keiner hört zu: Schweigen.

Stille

Tag wie Nacht

Ein Guru fragte seine Schüler, wie sie das Ende der Nacht vom Beginn des Tages unterscheiden könnten.

Einer sagte: »Wenn man in der Entfernung ein Tier sieht und erkennt, ob es eine Kuh oder ein Pferd ist.«

»Nein«, sagte der Guru.

»Wenn man in der Entfernung einen Baum sieht und erkennt, ob es ein Paternosterbaum oder ein Mango ist.«

»Wieder falsch«, sagte der Guru.

»Also, wie denn?«, fragten die Schüler.

»Wenn man in das Gesicht eines Mannes blickt und darin seinen Bruder erkennt; wenn man in das Gesicht einer Frau blickt und in ihr seine Schwester erkennt. Wer dazu nicht fähig ist, für den ist – wo immer die Sonne auch stehen mag – Nacht.«

Die göttliche Sprache

Als der Meister mit wohlklingender Stimme Sanskritverse sang, hörte ihm ein Schüler wie gebannt zu und sagte: »Ich habe immer gewusst, dass es keine Sprache auf der Welt gibt, die göttliche Dinge so zum Ausdruck bringt wie das Sanskrit.«

»Mach dich nicht lächerlich«, sagte der Meister. »Die Sprache des Göttlichen ist nicht Sanskrit, sondern Schweigen.«

Stille

Höher als der Himmel

Die Gemeinde wunderte sich, dass ihr Rabbi jede Woche am Vorabend des Sabbats verschwand. Sie hatten ihn im Verdacht, sich heimlich mit dem Allmächtigen zu treffen und beauftragten daher einen aus ihrer Mitte, ihm zu folgen.

Und das sah der Mann: Der Rabbi zog sich wie ein Bauer an und versorgte eine gelähmte, nichtjüdische Frau in ihrer Behausung, indem er putzte und ein Festtagsessen für sie vorbereitete.

Als der Spion zurückkam, fragte die Gemeinde: »Wohin ist der Rabbi gegangen? Fuhr er gen Himmel?«

»Nein«, erwiderte der Mann, »er stieg noch höher.«

Der gute Hirte mit dem Loch im Zaun

Ein Gleichnis für religiöse Erzieher. Ein Schaf fand ein Loch im Zaun und kroch hindurch. Es war so froh, abzuhauen. Es lief weit weg und fand nicht mehr zurück.

Und dann merkte es, dass ihm ein Wolf folgte. Es lief und lief, aber der Wolf blieb ihm auf den Fersen, bis der Hirte kam, es aufnahm und liebevoll zurück in den Pferch trug.

Und trotz allem Drängen weigerte sich der Hirte, das Loch im Zaun zu vernageln.

Stille

Leere Seiten

Der Meister behauptete, er habe ein Buch, das alles enthalte, was man überhaupt von Gott wissen könne. Keiner hatte je das Buch gesehen, bis ein zu Besuch weilender Gelehrter mit seinen Bitten nicht nachließ und es dem Meister abrang. Er nahm es mit nach Hause und schlug es ungeduldig auf, um festzustellen, dass alle Seiten leer waren.

»Aber das Buch sagt ja gar nichts«, jammerte der Gelehrte.

»Ich weiß«, sagte der Meister befriedigt, »aber bedenkt, wie viel es andeutet!«

»Existiert Gott?«, fragte der Meister eines Tages.

»Ja«, sagten die Schüler im Chor.

»Falsch«, sagte der Meister.

»Nein«, sagten die Schüler.

»Wieder falsch«, sagte der Meister.

»Wie lautet die Antwort?«, fragten die Schüler.

»Es gibt keine Antwort.«

»Warum denn nicht?«

»Weil es keine Frage gibt«, sagte der Meister.

Später erklärte er: »Wenn man nichts über Ihn *sagen* kann, über Ihn, der über Gedanken und Worte hinausgeht, wie kann man dann etwas *fragen* wollen?«

Stille

Die Konfrontation als Konfession

Die großen Lehrmeister sagen uns, dass die wichtigste Frage der Welt sei: »Wer bin ich?« Was ist das überhaupt, was man das »Ich« oder das »Selbst« nennt? Meinen Sie etwa, Sie hätten sonst alles verstanden, nur das nicht? Meinen Sie, Sie haben die Astronomie samt ihren schwarzen Löchern und Quasaren verstanden, kennen sich mit Computern aus und wissen nicht, wer Sie sind? Meinen Sie, Sie haben verstanden, wer Jesus Christus ist, und wissen nicht, wer Sie selbst sind? Woher wollen Sie denn wissen, dass Sie Jesus Christus verstanden haben? Wer ist derjenige, der etwas versteht? Finden Sie selbst das erst einmal heraus. Das ist die Grundlage von allem. Weil wir uns darüber nicht im Klaren sind, gibt es immer noch all diese engstirnigen religiösen Leute, die ihre sinnlosen religiösen Kriege führen – Moslems gegen Juden, Protestanten gegen Katholiken und so weiter. Sie wissen nicht, wer sie sind, denn wüssten sie es, gäbe es keine Kriege. So wie ein kleines Mädchen einen kleinen Jungen fragte: »Seid ihr Presbyterianer?« Darauf antwortete der Junge: »Nein, wir haben eine andere Konfrontation.«

Der verkappte Herzanfall

Onkel Tom hatte ein schwaches Herz, und der Arzt hatte ihn ermahnt, sehr vorsichtig zu sein. Als also die Familie erfuhr, er habe von einem verstorbenen Verwandten eine Milliarde Dollar geerbt, zögerte man, ihm die Nachricht zu überbringen, aus Furcht, er könnte dadurch einen Herzanfall bekommen.

Stille

Sie wandten sich um Hilfe an den Gemeindepastor, der ihnen versicherte, er würde einen Weg finden. »Sagen Sie, Tom«, wandte sich Father Murphy an den Mann mit dem schwachen Herzen, »wenn Gott Ihnen in seiner Gnade eine Milliarde Dollar zukommen ließe, was würden Sie damit anfangen?«

Tom dachte einen Augenblick nach und sagte dann, ohne zu zögern: »Ich würde Ihnen die Hälfte für Ihre Kirche geben, Father.«

Als Father Murphy das hörte, bekam er einen Herzanfall.

~

Als der Industrielle einen Herzanfall bekam, weil er seinen Großkonzern immer mehr ausweitete, war es leicht, ihm seine Habgier und Selbstsucht vor Augen zu führen. Als der Pastor einen Herzanfall bekam, weil er das Reich Gottes ausdehnte, war es unmöglich, ihm vor Augen zu führen, dass es sich auch hier um Habgier und Selbstsucht in anderen, annehmbareren Formen handelte. Wollte er wirklich das Reich Gottes fördern oder sich selbst?

9. DEZEMBER

Arbeitsteilung

Als ein achtjähriges Mädchen das Taschengeld dafür verwandte, ihrer Mutter ein Geschenk zu kaufen, war diese sehr dankbar und glücklich, denn im Allgemeinen hat eine Mutter und Hausfrau viel Arbeit und wenig Anerkennung.

Das Mädchen schien das verstanden zu haben, denn sie sagte: »Dafür, dass du so schwer arbeitest, Mutter, und keiner es richtig würdigt.«

Die Frau sagte: »Dein Vater arbeitet auch schwer.«

Sagte das Mädchen: »Ja, aber er macht nicht so viel Aufhebens davon.«

Stille

Abijah – Gelehrter und Pferdedieb

Als es an der Zeit war, ihrem Erstgeborenen einen Namen zu geben, begann ein Ehepaar zu streiten. Die Frau wollte ihn nach ihrem Vater nennen, der Mann bestand darauf, dass der Sohn den Namens seines Vaters trägt. Schließlich wandten sich beide an den Rabbi, der ihren Streit schlichten sollte.

»Wie hieß dein Vater?«, fragte der Rabbi den Mann.

»Abijah.«

»Und deiner?«, fragte er die Frau.

»Abijah.«

»Wo liegt dann das Problem?«, fragte der Rabbi verwirrt.

»Das ist so, Rabbi«, sagte die Frau. »Mein Vater war ein Gelehrter, und seiner ein Pferdedieb. Wie kann ich da zulassen, dass mein Sohn nach einem Schurken benannt wird?«

Der Rabbi dachte ernsthaft darüber nach, denn das Problem war in der Tat heikel. Er wollte nicht, dass die eine Partei das Gefühl hatte, gewonnen, oder die andere, verloren zu haben. Also sagte er schließlich: »Ich schlage Folgendes vor: Nennt den Jungen Abijah. Dann wartet ab und seht, ob er ein Gelehrter oder ein Pferdedieb wird. Dann wisst ihr, nach wem ihr ihn benannt habt.«

Abklatsch

»Haben Sie ein schönes Baby!«

»Das ist gar nichts. Sie sollten Fotos von ihm sehen!«

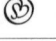

Stille

Kleiner Reiter wird gezähmt

Ein verzweifeltes Elternpaar bat dringend um den Besuch eines Kinderpsychologen, weil sie mit ihrem kleinen Jungen nicht fertig wurden, der auf dem Schaukelpferd eines Nachbarkindes saß und sich weigerte, herunterzusteigen. Er hatte zu Hause drei eigene Schaukelpferde, bestand aber unnachgiebig auf *diesem*. Versuche, ihn herunterzuheben, führten zu einem solchen Geheule und Geschrei, dass man ihn schnell wieder auf das Pferd setzte.

Der Psychologe regelte zunächst die Angelegenheit seines Honorars, begab sich dann zu dem Kind, fuhr ihm liebevoll durchs Haar, beugte sich hinunter und flüsterte ihm lächelnd ins Ohr. Sofort stieg der Junge vom Pferd und ging artig mit seinen Eltern nach Hause.

»Welche Zauberformel haben Sie bei dem Kind angewandt?«, fragten die erstaunten Eltern.

Der Psychologe steckte sein Honorar ein und sagte dann: »Ganz einfach. Ich beugte mich zu ihm und sagte: ›Wenn du nicht sofort von dem Pferde herunterkommst, werde ich dich so verprügeln, dass du eine Woche nicht mehr sitzen kannst. Ich werde dafür bezahlt, es ist also nicht bloß Gerede.‹«

Stille

Der Mann, der die Nachbarn fragte

Ein Möbelfabrikant schickte einem seiner Kunden folgenden Brief: »Lieber Mr. Jones, was würden Ihre Nachbarn denken, wenn wir einen Möbelwagen zu Ihrem Haus schickten, um die Möbel, die Sie noch nicht bezahlt haben, wieder abzuholen?«

Er bekam folgende Antwort: »Dear Sir, ich habe die Angelegenheit mit meinen Nachbarn besprochen, um zu erfahren, was sie denken würden. Alle hielten es für einen ganz gemeinen Trick einer schäbigen, fiesen Gesellschaft.«

~

Ein untrügliches Zeichen der Erleuchtung: Was Mitmenschen denken oder sagen, ist einem völlig gleichgültig.

Die richtigen Rollen

Klein Johnny wurde getestet, ob er im Schultheater eine Rolle spielen könnte. Seine Mutter wusste, dass er nur zu gerne mitspielen wollte, fürchtete aber, man würde ihn nicht nehmen. An dem Tag, als die Rollen verteilt wurden, stürzte Johnny in die Arme seiner Mutter und platzte beinahe vor Stolz und Aufregung. »Mutter«, schrie er, »rate mal! Ich bin ausgesucht worden zum Klatschen und Jubeln.«

Stille

Das Urteil der Schwiegermutter

Der Meister schimpfte mit einem Schüler, der sich wegen einer zwanghaften Neigung, die Wahrheit zu sagen, ständig in Schwierigkeiten brachte.

»Müssen wir denn nicht immer die Wahrheit sagen?«, protestierte der Mann.

»Aber nein, es ist manchmal besser, die Wahrheit zurückzuhalten.«

Als er aufgefordert wurde, dafür ein Beispiel zu nennen, erzählte der Meister von einer Schwiegermutter, die zu einem einwöchigen Besuch gekommen war und einen ganzen Monat blieb.

Das junge Paar fasste schließlich einen Plan, den Besuch loszuwerden. »Ich mache heute zum Abendessen eine Suppe«, sagte die junge Frau zu ihrem Mann, »und wir fangen dann an zu streiten. Du sagst, die Suppe ist zu sehr gesalzen, und ich sage, sie ist zu wenig gesalzen. Wenn meine Mutter auf deiner Seite ist, bin ich beleidigt und sage ihr, sie könne heimfahren. Wenn sie mir zustimmt, wirst du wütend und sagst, sie könne gehen.«

Die Suppe wurde aufgetragen. Es gab einen bösen Streit, bis schließlich die Frau sagte: »Wie findest du's Mutter. Ist die Suppe zu sehr gesalzen oder nicht?«

Die alte Dame tauchte ihren Löffel in die Suppe, führte ihn an die Lippen, kostete sorgfältig, überlegte einen Augenblick und sagte: »Genau richtig!«

Stille

Ein milder Richter

»Angeklagter«, sagte der Richter, »ich spreche Sie schuldig in dreiundzwanzig Punkten. Daher verurteile ich Sie zu einer Gesamtstrafe von 175 Jahren.«

Der Verurteilte war ein alter Mann. Er brach in Tränen aus.

Das Gesicht des Richters wurde milder. »Ich wollte nicht grausam sein«, sagte er. »Ich weiß, die Strafe, die ich verhängt habe ist sehr hart. Sie werden sie nicht ganz abzusitzen brauchen.«

In den Augen des Angeklagten glomm Hoffnung auf.

»So ist es gut«, sagte der Richter, »büßen Sie so viel ab, wie Sie können.«

Überdruck der Seele

Ein Mann, der sich als religiöser Schriftsteller betätigte, bat um ein Wort der Weisheit. Sagte der Meister: »Manche Leute schreiben, um damit ihren Lebensunterhalt zu verdienen; andere, um die Leser an ihren Einsichten und Fragestellungen teilnehmen zu lassen und sie damit zu plagen. Wieder andere schreiben, um sich über ihr Innerstes Klarheit zu verschaffen. Keiner von ihnen wird überdauern. Dieser Vorzug gebührt denjenigen, die nur deshalb schreiben, weil sie sonst bersten würden.«

Und als nachträglichen Gedanken fügte er an: »Diese Schriftsteller verleihen dem Göttlichen Ausdruck – ganz egal, worüber sie schreiben.«

Stille

Der Fluch der Belesenheit

Der junge Schüler war ein solches Wunderkind, dass Gelehrte von überall her seinen Rat suchten und sein Wissen bestaunten.

Als der Gouverneur einen Ratgeber suchte, kam er zu dem Meister und sagte: »Sag mir, stimmt es, dass der junge Mann soviel weiß, wie allgemein behauptet wird?«

»Ehrlich gesagt«, erwiderte der Meister trocken, »der Bursche liest so viel, dass ich mir nicht vorstellen kann, woher er die Zeit nimmt, irgendetwas zu wissen.«

Morgengebet

Großmutter: »Betest du jeden Abend deine Gebete?«
Enkel: »Oh ja!«
»Und jeden Morgen?«
»Nein. Am Tag habe ich keine Angst.«

Selbsterkenntnis

Im Land brach eine große religiöse Verfolgung aus, und die drei Säulen der Religion, die Heilige Schrift, der Gottesdienst und die Nächstenliebe, traten vor Gott, um ihrer Sorge Ausdruck zu geben, dass sie nicht länger bestehen würden, wenn die Religion vernichtet wäre.

Stille

»Keine Sorge«, sagte der Herr, »ich plane, Einen auf die Erde zu schicken, der größer ist als ihr alle.«

»Wie heißt dieses Große Wesen?«

»Selbsterkenntnis«, sagte Gott. »Sie wird größere Dinge vollbringen, als je einer von euch vollbracht hat.«

21. DEZEMBER

Zwei Wünsche

»Wie erlangt man das Glück?«

»Durch Erlernen, mit allem, was man erhält, zufrieden zu sein.«

»Dann kann man sich nie etwas wünschen?«

»Doch, man kann«, sagte der Meister, »vorausgesetzt, man tut dies in der Einstellung jenes ängstlichen Vaters, den ich einmal in einer Entbindungsstation traf. Als die Hebamme sagte: ›Sie haben sich bestimmt einen Jungen gewünscht, es ist aber ein Mädchen‹, erwiderte der Mann: ›Ach, das macht wirklich nichts, denn ich habe mir ein Mädchen gewünscht, falls es kein Junge ist.‹«

22. DEZEMBER

Was soll es einmal werden?

Die Geburt seines ersten Kindes erfüllte den Meister mit Freude. Staunend blickte er das Neugeborene immer wieder an.

»Was wünschst du ihm, einmal zu sein, wenn es groß geworden ist?«, fragte ihn jemand.

»Maßlos glücklich«, antwortete der Meister.

Stille

Der unsichere Prüfer

Ein Bischof wollte sich vergewissern, wie weit eine Gruppe von Kandidaten geeignet war, getauft zu werden.

»Woran werden andere erkennen, dass ihr Katholiken seid?«, fragte er.

Zunächst kam keine Antwort. Offenbar hatte niemand diese Frage erwartet. Der Bischof wiederholte sie. Dann fragte er noch einmal und machte das Kreuzzeichen, um ihnen einen Hinweis auf die richtige Antwort zu geben.

Plötzlich hatte einer der Kandidaten es erfasst. »Liebe«, sagte er.

Der Bischof war überrascht. Er wollte gerade sagen: »Falsch«, konnte sich aber im letzten Augenblick noch zurückhalten.

Frohen Donnerstag

»Willst du uns denn nicht ›Frohe Weihnachten‹ wünschen?«, wurde der Meister gefragt.

Er warf einen Blick auf den Kalender, sah, dass Donnerstag war und sagte: »Ich möchte euch lieber einen ›Frohen Donnerstag‹ wünschen.«

Das verletzte das Empfinden der Christen im Kloster, bis der Meister erklärte: »Millionen werden sich nicht über den heutigen Tag, sondern über Weihnachten freuen, wodurch ihre Freude von kurzer Dauer ist. Aber für alle, die sich über den heutigen Tag zu freuen gelernt haben, ist jeder Tag Weihnachten.«

Stille

Heilige Unruhe

»Was ist das Ziel deiner Suche?«

»Frieden«, sagte der Gast.

»Denjenigen, die suchen, ihr eigenes Ich zu schützen, bringt Frieden nur Unruhe.« Und zu einer Gruppe frommer Leute, die zu ihm kamen, um ihn anzugaffen und um einen Segen zu bitten, sagte der Meister: »Möge der Friede Gottes euch stets beunruhigen.«

Das sicherste Versteck

Der Meister wurde schon zu Lebzeiten eine Legende. Man erzählte, dass Gott selbst einmal seinen Rat einholte: »Ich möchte mit den Menschen Versteck spielen. Ich habe meine Engel gefragt, wo man mich am besten verstecken könnte. Einige sagten, in der Tiefe des Ozeans, andere auf dem höchsten Berggipfel, wieder andere auf der erdabgewandten Seite des Mondes oder auf einem fernen Stern. Was schlägst du vor?«

Sagte der Meister: »Verbirg dich im menschlichen Herzen, das ist der letzte Ort, an den sie denken werden.«

Stille

Wie der Sänger und sein Lied

»Wie sucht man Einheit mit Gott?«

»Je mehr du suchst, um so größer wird die Entfernung zwischen Ihm und dir.«

»Wie überwindet man diese Entfernung?«

»Begreife, dass sie nicht wirklich vorhanden ist.«

»Bedeutet das, Gott und ich sind eins?«

»Nicht eins, nicht zwei.«

»Wie ist das möglich?«

»Die Sonne und ihr Licht, der Ozean und die Welle, der Sänger und sein Lied – nicht eins. Nicht zwei.«

Gott ohne Bart

Gott beschloss, der Erde einen Besuch abzustatten, also schickte er zuvor einen Engel hinunter, um zu sehen, wie dort die Lage war.

Der Engel kehrte zurück und berichtete: »Die meisten haben nicht genug zu essen, und sehr viele sind arbeitslos.«

Gott sagte: »Dann werde ich in der Form von Nahrung für die Hungernden erscheinen und als Arbeit für die Arbeitslosen.«

Stille

29. DEZEMBER
Berichtigt die Heiligen Schriften

Ein gelehrter Mann kam einst zu Buddha und sagte: »Was Ihr lehrt, mein Herr, steht nicht in den Heiligen Schriften.«

»Dann fügt Ihr es doch in die Schriften ein«, sagte Buddha.

Nach einer verlegenen Pause fuhr der Mann fort: »Darf ich mir die Kühnheit erlauben anzudeuten, dass einiges von dem, was Ihr lehrt, den Heiligen Schriften direkt widerspricht?«

»Dann berichtigt die Schriften«, sagte Buddha.

Den Vereinten Nationen wurde ein Vorschlag unterbreitet, die Heiligen Bücher aller Religionen der Welt zu überprüfen. Alles, was zu Intoleranz, Grausamkeit oder Fanatismus führen könnte, sollte gestrichen werden. Alles, was irgendwie gegen die Würde und das Wohlergehen der Menschen gerichtet wäre, sollte ausgelassen werden.

Als sich herausstellte, dass Jesus Christus selbst diesen Vorschlag gemacht hatte, stürzten Reporter zu seiner Residenz, um nähere Erläuterungen zu bekommen. Seine Erklärung war einfach und kurz: »Die Heiligen Schriften sind wie der Sabbat für den Menschen gemacht«, sagte er, »nicht der Mensch für die Schriften.«

30. DEZEMBER
Die Zeit der Alten

Das Wartezimmer des Arztes war gedrängt voll. Ein älterer Herr stand auf und ging zur Sprechstundenhilfe.

»Entschuldigen Sie«, sagte er höflich, »ich war um zehn Uhr bestellt, und jetzt ist es fast elf. Ich kann nicht mehr länger warten. Würden Sie mir bitte einen Termin an einem anderen Tag geben?«

Stille

Eine der Wartenden beugte sich zu einer anderen Frau und sagte: »Er ist doch mindestens achtzig Jahre alt. Was mag er wohl so dringend vorhaben, dass er nicht länger warten kann?«

Der Herr hörte die geflüsterte Bemerkung. Er wandte sich der Dame zu, verbeugte sich und sagte: »Ich bin siebenundachtzig Jahre alt. Und genau deswegen kann ich mir nicht leisten, auch nur eine Minute der kostbaren Zeit, die ich noch habe, zu vergeuden.«

31. DEZEMBER
Greift man zu, läuft es weg

Und Buddha sagte: »Dieses Land ist mein, diese Söhne sind mein« – so spricht ein Narr, der nicht begreift, dass er selbst sich nicht gehört.
Man besitzt nie etwas wirklich.
Nur eine Zeitlang bewahrt man es auf.
Ist man nicht fähig, es wegzugeben,
wird man selbst festgehalten.
Was immer man sammelt,
muss sein wie Wasser in der hohlen Hand.
Greift man zu, läuft es weg.
Willst du es besitzen, beschmutzt du es.
Lässt du es los, ist es für immer dein.

Stille

QUELLENVERZEICHNIS

Die Geschichten dieses Bandes wurden aus folgenden Büchern Anthony de
Mellos ausgewählt, erschienen im Verlag Herder:

Dass ich sehe. Meditation des Lebens. Aus dem Englischen von
Matthilde Wiemann, Freiburg/Basel/Wien, 6. Auflage 1994.

Eine Minute Unsinn. Weisheitsgeschichten. Illustrationen von Jules Stauber. Aus
dem Englischen von Robert Johna, Freiburg/Basel/Wien, 5. Auflage 1998
(Taschenbuchausgabe Herder/ Spektrum, Band 4379, 3. Auflage 1996).

Eine Minute Weisheit. Aus dem Englischen von Ursula Schottelius,
Freiburg/Basel/Wien, 10. Auflage 1998 (Taschenbuchausgabe Herder/
Spektrum, Band 4569, 3. Auflage 1999).

Die Fesseln lösen. Einübung in erfülltes Leben. Aus dem Portugiesischen von
Irene Lucia Johna, Freiburg/Basel/Wien, 6. Auflage 1998.

Der springende Punkt. Wach werden und glücklich sein. Illustrationen von Jules
Stauber. Vorwort und herausgegeben von J. Francis Stroud S.J. Aus dem
Englischen von Irene Lucia Johna, Freiburg/Basel/Wien, 10. Auflage als
erweiterte Neuausgabe 2000.

Von Gott berührt. Die Kraft des Gebetes. Aus dem Englischen von Radbert Kohlhaas, Freiburg/Basel/Wien, 7. Auflage 1998.

Warum der Schäfer jedes Wetter liebt. Weisheitsgeschichten. Illustrationen von Jules
Stauber. Aus dem Englischen von Ursula Schottelius,
Freiburg/Basel/Wien, 11. Auflage 1998 (Taschenbuchausgabe
Herder/Spektrum Band 4523, 4. Auflage 1999).

Warum der Vogel singt. Weisheitsgeschichten. Illustrationen von Jules Stauber.
Aus dem Englischen von Ursula Schottelius, Freiburg/Basel/Wien 1993
(Taschenbuchausgabe Herder/ Spektrum, Band 4149, 11. Auflage 1997).

Wer bringt das Pferd zum Fliegen? Weisheitsgeschichten. Vorwort von Parmananda
R. Divakar. Illustrationen von Jules Stauber. Aus dem Englischen von Ursula Schottelius, Freiburg/Basel/Wien, 3. Auflage 1995 (Taschenbuchausgabe Herder/Spektrum, Band 4304, 6. Auflage 1999).

Wie ein Fisch im Wasser. Einladung zum glücklichen Leben. Illustrationen von
Jules Stauber. Aus dem Englischen von Irene Lucia Johna,
Freiburg/Basel/Wien, 3. Auflage 1994 (Taschenbuchausgabe
Herder/Spektrum, Band 4459, 4. Auflage 1998).

Quellenverzeichnis

Der springende Punkt
Wach werden und glücklich sein

Aus dem Englischen von Irene und Franz Johna
2000, 224 Seiten, Halbleinen – ISBN 3-451-27323-3

Mit weisheitlichen Geschichten aus der östlichen und westlichen Welt bringt Anthony de Mello die Kernthemen des Lebens und damit Leserinnen und Leser auf den sprichwörtlich springenden Punkt – Ein Buch, das Spaß macht und die Tiefe des Lebens auslotet!

Die Fesseln lösen
Einübung in erfülltes Leben

Aus dem Portugiesischen von Irene L. Johna
7. Aufl. 2000, 160 Seiten, gebunden mit Schutzumschlag
ISBN 3-451-23465-3

»Höre auf, dir selbst und deinem Glück im Wege zu sein!« Anthony de Mello, der Meister der erzählten Spiritualität, gibt neue geistige Impulse und zeigt ganz praktisch, wie sich das Glück üben lässt. Ein unterhaltsames Buch für Menschen, die bewusster leben wollen.

Wo das Glück zu finden ist
Jahreslesebuch

Herausgegeben von Franz Johna
8. Aufl. 2000, 400 Seiten, gebunden mit Schutzumschlag
ISBN 3-451-23323-1

Eine Auswahl der schönsten Meditationstexte und Geschichten aus dem umfangreichen Gesamtwerk de Mellos, eine Buchseite für jeden Tag des Jahres. Diese Minutenlektüre zeigt, wo das Glück zu finden ist.

Auf dem Weg nach Ostern
Meditationen und Weisheitsgeschichten
Herausgegeben von Ludger Hohn-Morisch
2. Aufl. 2000, 176 Seiten, Halbleinen – ISBN 3-451-26538-9

In diesem spirituellen und zugleich originellen Begleiter durch alle Tage der
Fasten- und Osterzeit finden sich brillante Meditationen, Weisheitsgeschichten
und Übungsimpulse, die gleichnishaft die Lebens- und Leidensbotschaft Jesu
widerspiegeln.

Von Gott berührt
Die Kraft des Gebetes
Aus dem Englischen von Radbert Kohlhaas
7. Aufl. 1998, 240 Seiten, gebunden mit Schutzumschlag
ISBN 3-451-22539-5

Hier bringt de Mello seine Erfahrungen mit dem Gebet als Seelsorger und
Psychologe ein. Ein verblüffendes und erfrischendes Buch, in dem das Gebet
als der Weg zu einem bewussteren und intensiveren Leben vorgestellt wird.

Die Biographie:
JOHN CALLANAN
Anthony de Mello
Der Mann, der das Pferd zum Fliegen brachte
Aus dem Englischen von Claudia Zankel
1999, 160 Seiten, gebunden mit Schutzumschlag
ISBN 3-451-26866-3

»Anthony de Mello hinterließ bei sehr vielen Menschen einen ungewöhnlich
tiefen Eindruck. Auch heute strahlt sein Stern noch weiterhin. Mehr und mehr
Leser scheinen durch seine Worte, seine Spiritualität und sein Lebenswissen
inspiriert zu werden« (John Callanan).

HERDER